U0620495

打破写作套路

文案心理学

每天懂一点

彭伟聪／著
大创意PITCHINA／策划

广西师范大学出版社
·桂林·

图书在版编目(CIP)数据

打破写作套路：每天懂一点文案心理学／彭伟聪著．—
桂林：广西师范大学出版社，2020.7
ISBN 978-7-5598-2615-2

Ⅰ．①打… Ⅱ．①彭… Ⅲ．①写作-心理学-研究
Ⅳ．① H05-05

中国版本图书馆 CIP 数据核字（2020）第 026745 号

责任编辑：季 慧
助理编辑：孙世阳
装帧设计：马 珂

广西师范大学出版社出版发行
（广西桂林市五里店路 9 号　　邮政编码：541004
网址：http://www.bbtpress.com）
出版人：黄轩庄
全国新华书店经销
销售热线：021-65200318　021-31260822-898
广州市番禺艺彩印刷联合有限公司印刷
（广州市番禺区石基镇小龙村 邮政编码：511400）
开本：890mm×1 240mm　1/32
印张：7.75　字数：200 千字
2020 年 7 月第 1 版　2020 年 7 月第 1 次印刷
定价：68.00 元

序

怎样才能写好文案？

刚入行的时候，我问那些文案“大神”们：“怎样才能写好文案？”他们总是说：“你只要好好去生活就好了。”

好多年后，我才知道他们在敷衍我——明明每个人都在生活，又不见每个人都能写出好文案。

等到写了多年文案之后，当有年轻的文案工作者问我这个问题的时候，一时语塞之余，我突然理解了当年那些“大神”们的苦衷：用一句“不明觉厉”的话去回答问题，大概是因为这个问题实在太难用一两句话回答吧。

Terry 显然是个真诚的文案“大神”，面对“怎样才能写好文案”这个难以回答的问题，他认真到了令人发指的地步。他一点一滴地把自己多年所理解和总结的文案写作之道，毫无保留地记录在这本书里。

看到这本书时，我觉得挺可惜的——可惜当年的自己不能来到 2020 年，否则读完这本书，也许就能找到那些困扰我多年的问题的答案了。

幸运的是，你们能。

黄燕东

拼多多品牌部负责人

如果当年有这本书

如果当年有这本书，我可能就不会想做文案了。

本来觉得自己有创意，能够出口成“金句”，做文案应该没问题，不就是写写标题嘛。

但放到今天，文案的应用，按形式分的话，起码有传统的 TVC（电视广告片）、slogan（标语）、标题、广播，到后来排名不分先后并且不能尽述的微电影、H5、微博、公众号、短视频、开屏、贴片、表情包、节气海报、长图文、漫画、事件、快闪店、直播……

那么多不同种类的文案，每种的要求都不太一样。如果提前知道，我可能真的会重新考虑要不要做文案了。

如果当年有这本书，我做文案就会轻松多了。

但既然决定了，只能勇往直前。

我不确定坊间有没有针对每种特定文案需求而撰写的书，只是觉得即使有，等书出来时，市场的需求也许也已经变了。

所以，原则性的方法反而更实用，就像现在你拿在手上的这本书，就是从心理学角度研究如何让文案攻克消费者的“洞察”。

如果我当年一开始做文案便懂得一点儿心理学，想必可以少走许多弯路。

如果你现在还不是文案工作者，也不肯定自己适不适合做文案；如果你已经是文案工作者，但感觉卡在了瓶颈；如果你的文案一直写得没啥问题，但依然想提升一下……所有的如果，这里都有结果。

陈国辉

资深创意人

别让写作套路套牢你

2007 年春节，我暂离日常的文案工作，为中国香港的一个公共电视节目担任主持人，与摄制队其他成员一同飞到巴西里约热内卢最大的贫民窟——荷欣尼亚（Rocinha）。

当时的荷欣尼亚以暴力犯罪闻名，电影名作《上帝之城》（*City of God*）就是以这些故事为题材的。至于摄制队，也只有我、导演、当地翻译和扛着大型摄影机的摄影师而已。

来到荷欣尼亚，我们先进一家路边的餐厅吃东西，吃到一半才发现摄影师一直没进来。我们赶紧往外看，只见一群来意不善的人正围着在马路上拍摄的摄影师。导演担忧起来，但摄影师不仅没有放下摄影机，还与那群家伙慢慢熟悉起来，连小孩都走过来跟摄影师互动。

摄影师又拍了一阵才进来。因为要立刻坐车上山拍摄，所以直到完成拍摄任务回到民宿，我才有机会跟他聊聊。

“你当时做了什么？”我问，与此同时，从对面山上传来了清晰的枪战声。他笑了笑，掏出几个白色的小东西：“给他们这个。”

大白兔奶糖。

“你知道，我去过世界很多地方拍片，有个道理是真的——人们身处的文化和环境可以很不一样，可是心理和行为模式是差不多的。”

对于从心理学系毕业的我而言，这简直是一语惊醒梦中人。

“我那样做的原因很简单。他们看到我主动派糖，甜的，就知道我没恶意。

‘大白兔’这三个他们看不懂的汉字，表示我是远方来的旅客，跟本地帮派之间的利益瓜葛无关，这样他们就容易卸下心防了。”

简单的几颗糖，背后竟然有这样缜密的沟通思考，还藏着准确又跟对方切身相关的信息。制造大白兔奶糖的师傅们大概也没有想过这些奶糖还能起到这样的作用吧。

写出好文案的道理其实也一样：认真考虑读者身处的时空背景，探寻情感软肋，摆脱僵化的套路，因“时”制宜、灵活沟通是让读者愿意考虑和接受，甚至是让自己“活着回来”的前提。

要做到这一点，需要对人性、心理和写作原则有系统的认知，这样，就算时空背景和传播手段变化再多、再剧烈，我们也可以适应，不会轻易被淘汰。特别是在当下，躺着都能赚钱的时代已经过去，利用文案营销主张、解决现实问题，已经渗透到每个人当下的生活中。

这也是本书希望帮助你做到的。

本书将结合心理学理论、科研报告、从创意营销及品牌战略工作中获得的实战经验，以及日常生活的例子，帮助你理解和应用这一点。

本书内容分为四个部分：

第一部分（第 01 章—第 03 章）：写作人的心理准备

成为写作人的条件，以及如何找出适合的写作素材与角度。

第二部分（第 04 章—第 06 章）：语言与写作的心理

了解语言和写作的特质，为读者排除不必要的阅读障碍。

第三部分（第 07 章—第 11 章）：诱发读者情感的策略

从思考标题到运用不同语种，促使读者考虑及接受你的营销主张。

第四部分（第 12 章）：客观验证你的文案

冷静务实地评价写出来的文案，不再仅凭主观感觉或含糊的标准。

如果你不是专业写作人，建议你按照顺序阅读，从基础开始了解；如果你已经富有经验，则可以选择最能帮到你的章节，跟自己累积的心得互为补充。

本书得以顺利完成，要特别感谢予我诸多启发及支持的大创意 PITCHINA 的金存依女士、陈国辉先生、黄燕东先生、许悦女士、姚圆佳女士、陈永泰先生、凌婧女士、王佳涵女士等多位卓越的营销及传播专家，还要感谢广西师范大学出版社的赏识及同仁们的严谨与用心。最后，更要感谢家父彭耀灿先生的言传身教，你的精神，永远不会独行。

彭伟聪 Terry Pan

上海

2020 年 1 月

目录

CONTENTS

01

你是幕后的“调情高手”

1. 成为文案写作人

出来工作之前，我在香港中文大学心理学系学习，临近毕业，“将来到底可以做什么工作”成了我和所有同学的难题。好像什么都可以做，又什么都差了那么一点儿。

心理学专业毕业的人，不是可以去当心理治疗师吗？可是在香港，你必须再花好几年读硕士、博士，再经过临床实习，才可以拿到从业的资格。这明显不会是大部分人的选项。

心理学是关于人类行为的科学。我在高中时期学的是文科，成绩不错，学得最好的是中国文学和写作，又赢过一些写作比赛，是个有点儿骄傲的文艺青年。我之所以选择学习心理学，除了想多懂点儿人性之外，其实也像很多人一样，觉得心理学既神秘又酷，而且按照我的学业成绩，应该考得进去。至于心理学是一门独立学科，我一直不知道，也从没认真了解过。

进入大学之后，大量的实验、调查、数据统计、证据分析，这些让文艺青年不知所措的理科工作扑面而来，一下子就颠覆了我的世界观，也“打碎”了我的自以为是。在艰难的适应期里，我明白了，虽然人有很多主观的情感，可是要真正了解它们，光有感性、文艺的心是不够的，还要学会从情感中抽离，结合独立的理性思考做出判断。

这就像爱玩游戏的设计师，在设计游戏的时候，也不能只站在玩家的视角，还需要从游戏全局的角度看问题。如要考虑在哪里设置关卡，要做到什么标准才能过关，玩家在哪里能得到奖励，等等。理性的思考，也是“心理学”这个词语中“理”的意义。

有一位教授曾经跟我和我的同学说：“了解人的心理，不会帮你找到心理咨询师的工作，也不会告诉你以后可以做什么，可是心理学会让你更容易学习有关这个社会的一切，因为社会的一切都跟人有关。”

正因为人是有趣又无穷的主题，所以我也希望在以后的工作中可以通过某种执行手段，启发人的生活和想法。结果，我选择了结合心理学知识和自己已有的写作能力，走上文案写作人的道路。

如果你现在也在思考要不要从事文案写作的工作，或者想认真了解这个职业，建议你静下心来，问问自己：

☐ 第一，你愿意比一般人付出更多，去了解不同人的生活和故事吗?

☐ 第二，你有强烈的好奇心，想了解一切无时无刻不在影响人类的社会环境及其变化吗?

☐ 第三，你愿意随时有人挑战、调整甚至“打碎”你的世界观吗?

☐ 第四，你的写作能力比一般人高吗? 如果不是，你愿意认真研究、全力追赶吗?

2. 写作人和文案的角色

文案写作中最重要的部分是什么呢？

内容？写法？技巧？

都不是。

写作的人，才是最重要的。因为文案中的每一个字、每一个标点符号的运用，都来自写作人的判断，是写作人累积的人生经历、思维格局、思考方式、写作技巧、对内容的理解角度、对情感的把握等的结合。这些决定了写作人在沟通方面的高度和灵活度，这是任何机器都无法超越、无法取代的。

写作人看待自己的角色的方式，也直接影响文案的品质。为什么我要用“写作人”这个不常用的称呼，而不是用很多人用的“小编”“文案狗”“公号狗”呢？

这是因为，称呼不仅会影响其他人对待我们的态度，还会影响我们的自信程度和工作状态。“小编”“文案狗”“公号狗”这些词语，很容易让人联想到摇头摆尾、缺乏自信，甚至卑微的形象。如果大家都给自己贴上这种标签，把自贬常态化甚至强化，就算最初可能只是自娱一下，最终还是会伤害写作人，甚至整个行业的自信。

写作人的心境也确实会反映在写出来的文案上面。2010 年，德国美茵茨约翰内斯·古滕贝格大学心理学教授阿尔布雷希特·凯夫纳（Albrecht Küfner）和她的研究团队发现，读者通过阅读写作作品，可以判断出写作人的特征和心理状态，特别是在开放性、包容性、智慧，以及维持人际关系的能力水平等方面。换句话说，“我”手真的会写“我”心。

写作人，或者英语中的“writer”，都属于真实的中性描述，可以避免非中性的称呼带来的不必要的心理干扰。

文案，是为了营销、推广某些产品或主张而写的文字。文案是要让读者产生与众不同的印象，触动其情感，使其愿意考虑参与互动，甚至做出对营销推广有利的行动，如点赞、转贴、评论、参加线下活动、购买产品等。

只要符合以上目的，不管这些文字是广告标题、软文、公众号文章，还是公关稿、视频口白、销售话术，甚至调解争议的说辞，它们都是文案。接下来书中所聊到的案例，也不会限于传统定义下的广告。

我们可以利用文字创造强大的感染力量，而文案应用的范围和发挥的空间也非常大。在任何时候，我们都应该注意文案的三个重点：为读者写、产生不一样的印象、触动情感。

第一，为读者写。文案写作是有目的的，甚至有一定算计的成分。如果目标读者对你的文案连稍稍注意到都没有，或者感到跟自己毫无关系，那你的努力就没有什么价值了。

第二，产生不一样的印象。这是让读者记住你的首要条件。例如，同样是汽车品牌，劳斯莱斯、路虎、特斯拉、丰田、五菱给人的印象各不相同，但并不妨碍它们各自拥有足够的消费者支持。对文案来说也是如此，只有站在与同类对手不同的位置去和读者沟通，不盲目跟风，才可能在读者心里占有一席之地。

第三，触动情感。虽然随着科技不断进步，人际沟通的方式常有演变，可是人类始终是情感丰富的感性动物。如果我们写的内容和读者的情感产生了交集，他们就更有可能聆听，甚至支持我们的主张。

写作当然会有自我满足的成分。可是，除非你是自带流量或粉丝的名人，否则你引以为傲的个人风格，或者本人的身份，不见得会带来多少沟通上的优势，甚至根本毫无用处。例如，在刷屏的公众号文章中，有多少篇的作者的身份是读者知晓的呢？造成刷屏的原因，还是因为文章本身。

如果你要为不同品牌或客户工作，就更要有频繁地进行身份切换、情感投入和抽离的心理准备。今天写运动品牌宣言，明天写葡萄酒的味道，后天写妈妈照顾宝宝的建议……与其沉溺于自我满足，或者因为懒惰而固执地留在舒适区内，不如放下身段，积极思考，去学习如何做到写什么像什么。就像一个演员那样尝试更多的角色，这样不仅会获得更多乐趣和发挥的空间，也更符合文案是要跟其他人沟通的根本要求。

3. 想象你是追求者

因为写文案是为了给人留下好印象，触动其情感，所以我们可以说，好的文案写作人，必然是一位幕后的“调情高手”。

写文案就像跟读者调情。试想一下，当你决定要追求一个人的时候，心思会放在哪里？自然是对方的一举一动。

例如，他／她经常去哪里？喜欢看什么？有其他追求者吗？追求他／她的是什么人？他／她爱吃什么？有什么不开心的事吗？喜欢温柔还是刚强的风格？喜欢吃蛋糕还是撸串儿？喜欢梁朝伟还是郭德纲？今天化了什么妆？去什么地方打过卡？玩什么游戏？

然后你会发现，他 / 她的形象会在你的脑海中鲜明地呈现出来，这是全面、深入地研究对方生活形态的结果。

其实，在开始写作前要做的也一样。例如，在工作项目简报中，总会有些关于目标沟通人群的说明：如“90 后”，爱购物，爱打游戏，生活在一、二线城市等。不过这种看似合理，实际上模糊不清的形容，对写作人来说是不够具体的。

“90 后”是指 1992 年以后出生的人，还是 1998 年以后出生的人？爱购物是指爱买化妆品还是 IT 产品？生活在一线城市和二线城市的人的想法是一样的吗？居住在同为一线城市的北京和深圳的人，想法有什么不同？

我们的沟通目标，他 / 她，到底是谁？

无论你是否收到简报，收到了什么样的简报，进一步找出读者的具体生活形态和情感软肋依然是你要做的功课。做到这一点，可以方便你拟定写作策略，让文案写得更准确、更有力量。

除了好的内容，纯熟的写作技巧同样重要。我们看过很多人分享吸引眼球的写作战术和心得，就像恋爱中的追求者，按照实战指南制造一两个煽情、浪漫的时刻，找个特别的地方求婚，让对方感动后拍照上传到社交媒体，获得人们的点赞。这些我们都可以做到。

可是，之后呢？

如果你不仅想把读者吸引过来，还想让他们自发做出后续的行为，有所付出，如购买产品、参加线下活动、对这个品牌产生好感和忠诚度，**那就必须明白，你写文案的目的是为了建立一段比较长久的关系。**

这也像恋爱与婚姻的区别。与恋爱相比，婚姻需要对方付出的代价更大，要考虑的因素也必然更多，门槛也更高。

至于备受争议的煽动鼓吹、挑拨矛盾等写作战术，则更像在路上突然出现的一个吵吵闹闹、穿着奇怪的人。大家确实会注意到他，也会议论他，可是你愿意为他付出什么吗？你愿意和他长期在一起吗？而如果读者发现，你所写的内容还怀有恶意、不符合实际的话，他们就会觉得情感受到伤害，难免会有激烈的反弹。2019 年年初，来自微信公众号“才华有限青年”的文章《一个出身寒门的状元之死》，描写了身为所谓的社会精英的作者，因一位寒门出身的同学周有择罹患胃癌，年纪轻轻便病故了，而引发的他对理想和社会的思考。很多人为故事主人公的无助遭遇而悲恸，但同时又有很多人觉得文章内容疑点颇多。经过验证发现内容是编造的之后，网友都愤怒了。结果是流量有了，那个公众号却倒了，还引发了一波全网对哗众取宠现象的思考。

“塑料”感情维持不了多久，而长久的关系和情感触动，离不开真实和有趣。

真实，是指有根据的内容和真情实感，要让别人有信赖你说的话的基础，甚至愿意花更多时间追随你、为你付出。有趣，指的是持续地提供新鲜的角度和想法，可以让读者不自觉地打开心扉。有趣的灵魂和内容都是万里挑一的。嫁给谐星山里亮太的日本女星苍井优，就谈过这种有趣的感觉：“比起喜欢谁，更重要的是，喜欢跟谁在一起的时候的自己。”

4. 巧传真实

一百年前，广告公司麦肯（McCann-Erickson）已经懂得兼顾真实和有趣的道理，并且将其化成一句永不过时的格言：巧传真实（Truth well told）。

巧，就是指我们要懂得审视沟通的内容，使用心理和创意技巧对内容做适当的剪裁、包装等，加上巧妙的渠道布置和时机选择，与读者沟通和互动。传，是指我们展开的沟通必须以能够传达给读者、考虑对方的感受、争取他们的心为目标。真实，就是前文提到的有根据的内容和真情实感。

相信大家都听过“钻石恒久远，一颗永流传”。戴比尔斯（De Beers）珠宝公司的这句经典文案，这么多年以来，触动了很多人的心，而其带来的商业利益更是难以估算的。

钻石是几十亿年前开始形成的坚硬矿石，而戴比尔斯巧妙地将其与人们向往坚贞不朽的爱情的心理相结合，让产品变成了传承永恒的爱的符号。

这句文案的英语原文是“A Diamond Is Forever”，如果直译成“一颗钻石是永恒的”，就一点儿味道都没有了。香港的文案写作人结合了中文的语言和文化特性，写出了精彩的“钻石恒久远，一颗永流传”。在粤语中，两个分句之间，对仗、押韵都有了，五个字音韵平仄也完全对应，有五言绝句的感觉，朗朗上口。“恒久远”“永留传”是近义词递进的写法，使意境的推进集中、流畅、有序，几个字就勾勒出一段忠贞不渝的爱情。两个分句最后的“远”和“传”，在粤语中都是入声，给人一锤定音的坚定感觉。

从以上的例子中我们可以看到，写作人对真实情感及执行技巧要同等对待，更要把执行落实到细节处。文案写作绝对不是外行人所认为的那样，凭感觉写几个字那么简单。

5. 打破文案写作的“迷思”

文案写作，虽然要有精益求精的精神，可是读者千人千面，如果有人跟你说，有某种必胜的文案写作术，那么他不是在忽悠你，就是自己认识不深，或是企图利用你的惰性，让你堕入“迷信”的陷阱。

人心并没有那么简单。

文案写作离不开现实的人和事，这表示我们不能回避一些确实存在的人性的弱点和做人的底线，先做好心理准备，可以帮助自己少走弯路。

第一，世界上没有完美的文案。事实上，写出让大部分人觉得好的文案很难，如果想要讨好全世界，我们写出来的内容难免会有太多妥协，也会因此而变得平庸。不要试图讨好所有人，而要多写，多尝试不同的方向，多为不同品牌和角色写，交叉比对，提升自己的写作水平。因人而异，因“时”制宜，这才是实际的方法。

第二，小心套路。有些人主张追热点、跟套路，但是懂得追热点、跟套路的人成千上万，热点出来一两个小时后就有成堆的帖子。如果你没有和其他人做区分，盲目地追，想让人注意到你，这是不太现实的。

第三，保持善良，有做人的底线。语言文字可以影响人心，威力巨大。可是如果你用心不良，再好的武功，都会让你走火入魔，被这些心念反噬，毁掉你一直以来的努力。

02

找到真实的写作素材

1. 真实素材的重要性

写文案之前，自然要累积足够的写作素材。

写作素材可以分成两种：与主题相关的内容，即语意方面；与目标读者及他们所在的时空背景相关的、影响他们解读内容的元素，即语境方面。

语境在很大程度上影响着人们怎样理解内容，尤其对不那么熟悉的题材影响更大。

写作人自然也会对内容有自己的习惯看法，甚至偏见、成见。可是，文案是写给读者看的，就像下厨，做菜的人主观感觉很好吃，用餐的人却不一定能接受。所以在看待素材的时候，为了避免主观意志影响甚至破坏写作工作，我们首先要培养习惯，把素材的真实面貌尽量还原出来。

还原素材的真实面貌的关键，在于集合不同角度甚至不同立场的信息，反复对比验证，减少选择性阅读及主观判断偏差产生的影响。

例如，要为一家上海菜馆的新菜品写一篇文案，你可能要看看其他上海菜馆是怎么推广的，有哪些做上海菜的大师，哪些上海菜馆获得了米其林星级评价，上海菜的历史，以及上海人的生活、文化等，再回头看看自己的菜品实际上是什么水平，以便选择适当的亮点来写。又如，餐馆开在上海与开在北京、成都、广州，读者身处的环境也大不一样，只有了解他们的真实看法和习惯之后，才可以判断“口味正宗”和“分量够大、管饱”，到底哪个才是读者可能动心的方向。

虽然没有谁可以获得全部的真实，可至少我们要确认看到的素材是有根据、比较接近事实、没有被刻意抹黑或洗白过的。这就好像你在餐厅吃了一道精心制作的东坡肉，这道东坡肉看起来又嫩又肥，带着焦糖色的酱汁。你忍不住将它拍下来，发布到社交媒体上。一个不懂中国菜和中国文化的外国人看到这张照片，又发现这是中国人发布的，于是就判断中国人吃猪肉都是习惯吃肥肉，并配以“浓油赤酱”，还为此写了一篇文章。你看到这篇文章后会怎么想？作为中国人，你可能会觉得这太扯了，因为我们知道中国菜有流派，有无数种做法，可是其他外国读者没有太多中国的文化背景及唾手可得的参考资料，因此他们就不一定能准确地判断出这篇文章的真实性。

美国有一家大型连锁中式快餐 Panda Express（熊猫快餐），老板为了迎合美国人的口味，将中餐的味道做了很多调整和改变，如招牌菜橙子鸡，就是在中国难以找到的美式改良菜。可是很多美国人知道这家店是中国人开的，就以为 Panda Express 做的是正宗的中国菜。

随着断章取义、不做查证的作者越来越多，读者对看到的内容也多了疑虑。2017 年，上海交通大学做了一个关于微信公众号的调查，发现一千多万个公众号里面，出过点阅量过千的帖子的不到 7%。如果把阅读量当作认可程度，那么读者对网络内容的品质应该是很不满意的。

所以，我们要尽可能还原素材未加包装和标签时的状态。就像做东坡肉的厨师，首先一定是要找来没有酱汁、未经蒸制，甚至还没切块的生猪肉，因为这样才可能看清楚猪肉真实的肥瘦比例、肉质、部位、鲜度等，并就其实际状态仔细思考，判断能不能用、怎么用。

2. 重要但可疑的网络世界

使用网络搜集写作素材，确实是非常方便的方法，可是问题也很多。除了我们前面提到的断章取义的例子，还有不同的“坑”等着我们踩。

第一个问题，假新闻（fake news）出现，各种别有用心的误导和造假行为横行。这就是网络去抑制效应（online disinhibition effect）的体现，意思是在网络环境下，每个人的身份都是相对隐秘的，这就造成欺骗或其他作恶行为的成本较低，而且在信息爆炸的时代，忙着看信息的读者又比较缺少可用来查证的时间、资源和动机，从而使假新闻的流传更加肆无忌惮。

根据 ABC（美国广播公司）的新闻报道，美国 BuzzFeed 在 2016 年做了一个关于当年美国总统大选新闻的调查，发现排名最高的 20 条假新闻在脸书（Facebook）上获得人们互动的频率，居然比 19 家正规新闻媒体发布的 20 条关于选举的头条新闻的互动频率加起来还要高。超过六成的美国成年人会在脸书上看新闻信息，可想而知，很多人看到的都是有失实成分的内容。

发布这篇报道的记者还到假新闻网站的发源地之一——欧洲北马其顿共和国的韦莱斯（Veles）进行了采访。这个有四万多人口的东欧小城有点儿像中国的四五线城市或一些城乡接合部地区。当地人觉得发展 IT 产业可以赚钱，假新闻网站的创始人也承认，他们根本不在乎新闻的真实性和立场，只是非常认真地造假，连网站设计都很像 ABC 新闻，这一切都是为了欺骗更多读者点进去，增加网站广告的曝光量，获取更多利润分成。

与断章取义不同的是，这些人是刻意向我们自以为熟悉的领域内渗透各种“魔鬼”细节。这就提醒我们，只要是写作素材，无论是不是我们熟悉的领域，都应该去查证。

第二个问题，在查找资料追求短、平、快，越来越依赖网络的同时，我们实际记住的内容却越来越少，这种现象就是谷歌效应（Google effect）。

2015 年，在卡巴斯基实验室（Kaspersky Lab）的一项研究中，大约三分之一的欧洲受访者表示，手机或数码设备确实承担了他们大脑的一些功能，即看到感觉对的内容，在手机里点击收藏，然后就以为自己记住了。而事实是，受访者也许记住了资料所在的大概位置，却没有记住内容本身。

文案写作需要融会不同的资料和想法，发现与别人不同的切入点，这是一个需要思维高度集中的过程。如果在写作时才想到翻箱倒柜，寻找不知道什么时候收藏在哪里的素材，再重新理解的话，思考难免要经常中断，从而影响写作质量。

第三个问题，虽然网络和多媒体素材有多元化的呈现方式，甚至有逼真的模拟器供人体验，但逼真毕竟不是真的，其中省略了大量影响读者生活和心智的元素，以及更多意外的、随机的、体感的刺激。

游戏《模拟城市》的设计者威尔·赖特（Will Wright）曾经说过，游戏设计的一个要点是，避免意外和随机因素的出现，使玩家可以聚焦在设计者设定的通关行为上。例如，在角色扮演的游戏中，有一个战士的角色，扮演战士的玩家每天都要帮角色锻炼身体。那么，玩家要在游戏中天天练习举重，可是其实际做的动作是按键盘和鼠标，而真正举重时的感受，如肌肉承受重压时的酸痛、流汗、心跳加速等，都会被通通省略掉，更不用说其他随机的、在现实中有可能发生的事情，如战士举重时有人打电话约战士吃饭，或者战士的妈妈发信息来，问他盔甲到底放在家里哪个地方了，等等。

第四个问题，我们会被之前没有看过的素材误导，高估素材的重要性和真实性，产生频率错觉（frequency illusion）。例如，以前我们会说，人到六十岁才退休，现在有的人却说，三十多岁的时候公司可能就不要你了。如果你刚好三十多岁，看到这种文章，可能就会觉得特别焦虑，可你若从这些话术中抽离出来，看看全国的就业数据，就会发现事实并非如此。

网络和多媒体虽然能带给我们很多便利，可是我们还是要查看足够多的原始素材，培养分辨素材真实性的能力，保持独立思考的习惯。毕竟，我们是文案及沟通过程中的“主厨”。

3. 用感官体验真情实感

既然网络中的素材不够全面，存在各种问题，那有什么办法可以辅助我们还原素材本质呢？

用你的身体。

《纽约客》（*The New Yorker*）杂志的作家马尔科姆·格拉德威尔（Malcolm Gladwell），也是《引爆点》（*Tipping Point*）《决断 2 秒间》（*Blink*）等畅销书的作者，曾经分享过一次利用感官体验帮助他写作的经历。当时，他需要写一篇关于小约翰·肯尼迪（John F. Kennedy Jr.）1999 年开小型飞机坠机身亡的作品。

他找了很多资料，也从不同角度试写了很多遍，可是都没有办法写出小肯尼迪坠机时的心理状态，只因他欠缺临场体验。于是，他找了一位专业飞行教练，一起坐在同样的小型飞机上，重飞了小肯尼迪坠机的路线。他们还根据坠机调查报告的细节，模拟当时飞机俯冲下坠的动作。在真的快要坠毁的时候，教练才把飞机拉回来。当恢复平稳飞行的时候，格拉德威尔问教练："我们刚才距离坠机还有多久呢？"教练告诉他只差几秒钟。

为什么格拉德威尔要这样做呢？因为亲身经历和纸上谈兵，体验是完全不一样的。飞机俯冲的时候，人的各种感官都会被激发，就算时间只有二三十秒，你也会获得非常丰富的"一手"信息，因为每种感官都会给出反馈，都是情报收集器。

小肯尼迪在坠机前可能会想什么，这不是我们在办公室里吹着空调，摸着鼠标，一动不动地看着屏幕就能感受到的。

当然，我们平时不需要做得那么极端，可是如果你要为一个产品或一种新的服务体验写文案的话，不要偷懒，至少去亲身体验一次，在不同场景中把各种用法都试一遍更好。你一定会发现更多的写作角度，也可以匹配更精准的用词和写法。

4. 素材的触类旁通

即便网络问题很多，但内容也相当多，可以帮助经常要切换身份和变换角度的写作人找到不同范畴的素材，而且素材之间互相关联。这对写作人建立自己的素材库和信息网络还是很有用的。

我喜欢看有公信力的百科知识网站，新闻、视频网站。即使不工作的时候，我也会在这些网站上随便找一个感兴趣的主题，而文内通常会有很多链接，让我可以就文中提到的某个点，进一步阅读、探索，甚至发现一些意料之外的有趣的主题。我将此称为树状延伸阅读法，这可以方便我探索各个素材之间的关系、背后运作的逻辑，以及其他相关的可能性，有点像心理学中思维导图（mind map）的形式。这种阅读方法可以帮助我们举一反三，它与一些流行的新闻 App 系统根据读者的喜好推送更多同类内容的逻辑是不一样的。

还有一个帮助大家记忆和整理素材的方法。2014年，心理学教授慕勒（Mueller）和奥本希马（Oppenheimer）在研究中发现：学习时，用手写笔记比用电子设备写笔记学到的更多。这是为什么呢？

他们用人脑在采用不同记录方法时认知方式的不同来解释这个现象。用手写比打字慢，也没办法把看到的、听到的全部记录下来，但大脑潜能会被激发，人会用心聆听、分析和总结，从而找出内容上的重点记住。打字太过方便、快速，反而让人放下心来，只管一味地记录，不自觉地减少思考。所以，准备一本笔记本吧。

03

用演员的心理写作

1. 心智理论与同理心

我们在社会中都扮演着一些角色，而人们对不同角色的行为会有特定的期待。

例如，人们会期待海底捞的服务员体贴、周到，但如果你看到某个服务员出现了一两次厌恶的表情，这种有悖于期待的线索会让人疑惑，还可能会让你觉得海底捞这个品牌是不是变了。

文案的表达也像服务员的行为一样，是读者了解发言角色的线索，也是读者是否愿意相信这个主张的依据。如果你为一个葡萄酒品牌写文案，却连倒酒该用的手法都不懂，单宁、酒体、结构等专业词语用得都不精准，读者一看就会觉得文案太业余，读下去的意愿就会大大降低，甚至直接忽略文案，哪怕里面其他 90% 的内容是合格的。

发展心理学里有一个观点，人有理解自己和其他人的观点及精神状态的潜力，随着成长、观察和学习的过程，我们会建立起自己的一套理解人的理论，这就是著名的心智理论（Theory of Mind）。我们没办法看到心智是什么样子，所以对其他人心智的理解来自类推和预测。专业演员就非常擅长理解其他人的心智，我们可以借鉴他们的做法。

2010 年，电影《我家买了动物园》（*We Bought a Zoo*）的导演卡梅伦·克罗（Cameron Crowe）邀请斯嘉丽·约翰逊（Scarlett Johansson）出演动物园管理员的角色。当时斯嘉丽不确定自己是否适合，毕竟这个角色距离她的生活太远了，可是因为一直想跟这位导演合作，所以还是答应出演。

为了了解角色，斯嘉丽去了纽约布朗克斯动物园，学习和观察管理员的一举一动，包括清理动物粪便，面对面给狮子、老虎喂生肉等。她还到动物保护机构——大型猫科动物救援中心（Big Cat Rescue）学习，了解狮子、老虎、山猫、美洲狮等动物的行为。

虽然她看到的不一定都会用在电影里，可是因为她全面地研究了管理员的一举一动，就可以将研究的结果系统性地内化到自己身上，让她真的可以如同管理员一般，没有半点破绽。例如，她主动向导演提出了不化妆的要求，就是因为她注意到真正的动物管理员是不化妆的。

除了外在形象，我们还要了解这个角色会不会有不明显外露的情感和心理需要。就好像喝酒不一定是为了品酒，也可能是为了释放压力，或通过喝酒来谈生意。这就需要写作人站在读者的角度去看、去想，这种能力就是同理心（empathy）。

即使你的身份与要写作的角色毫无交集，也依然可以通过认真的研究和揣摩，写出真实、深刻的情感。

有一首歌曲《飘向北方》，描述了“北漂族”的故事。这首歌的点播量过亿，引起了很多共鸣，歌词对场景和情感的刻画，可能连住在北京的人都没办法写出来。

他住在燕郊区，残破的求职公寓。

拥挤的大楼里，堆满陌生人都来自外地。

他埋头写着履历，怀抱着多少憧憬。

往返在九三零号公路，内心盼着奇迹。

…………

走着脚步蹒跚，二锅头在摇晃。

失意的人啊，偶尔醉倒在那胡同陋巷。

咀嚼爆肚涮羊，手中盛着一碗热汤。

用力地，温暖着，内心里的不安。

这首歌的词作者来自马来西亚。有一次，他去北京工作，听到“北漂族”的故事，就想到很多在北京的艺人，本质上也是“北漂”，所以很有共鸣。于是，他就这个题目进一步发掘研究，终于写出这首歌来。我也在北京工作过，在求职公寓住过，在胡同陋巷走过，歌词中描写的内心挣扎，确实是我在北京感受过的。

从心理学角度来说，当我们熟悉一个领域的时候，反而容易忽略一些基本的事实：如我们自以为身在本地，就一定比较熟悉本地，可是想一想，邻居们在做什么可能就已经是我们认知中的一个盲点了。

另一个让人担心的问题是，人的同理心水平似乎有下降的趋势。根据 2010 年美国密歇根大学研究员莎拉·肯勒斯（Sara Konrath）对美国大学生的调查，他们展现的同理心水平居然比 20 世纪 80 年代和 90 年代的大学生的水平下降了 40%。

肯勒斯认为其中一个原因可能是，人们频繁地通过网络和社交媒体沟通，导致面对面交流的时间减少，然而面对面交流是培养同理心的最佳方法之一。

2019 年年末，足球名帅荷西 · 穆里尼奥（José Mourinho）接任托特纳姆热刺足球俱乐部（Tottenham Hotspur Football Club）的主教练。以懂得如何动员球员行动，带领球队屡获冠军而闻名的他，在当时说了一句话："我可以是你们的父亲、你们的朋友甚至女朋友，你们需要什么，我就可以扮演什么。"写作人也应该以做到这一点为目标，因为我们做的，也是要触动人心。

2. 变态心理学的启示

阻碍我们认真研究他人的，经常是固执和成见。去看那些和我们的日常生活，甚至跟一般人的行为有很大差异的真实故事。虽然我们对此容易产生抗拒、嘲笑或故意忽略，但正是这些故事才有力量击破我们的固执和成见，帮助我们提高对他人的理解和包容程度，这就是所谓的“见怪不怪”。

说到与一般人有差异的行为，我们应该聊聊变态心理学（abnormal psychology）。对于心理学家来说，人类的行为和情感是有程度之分的，如从很正常到很异常。以哭泣为例，哭泣是很正常的行为，可是如果一个人整天哭，而且持续哭了一两个月，那我们就可以说，这可能是有点儿异常了。如果这个人出现了对生存和适应社会有害的行为，或产生了对自己身心有害的行为，就更属于变态心理学的关注范围了。

人的精神状态出现异常，如抑郁、焦虑、躁郁等，与社会环境和文化有很大关系，甚至很多心理疾病的症状，在我们的生活中也可能出现，只是程度不同而已。历史上各行各业的人，如总统、歌手、作家等，很多人都曾经出现过异常状态。所以说，出现异常行为的人不是外星人，而是我们生活中本来就有的存在。

当你听过极端贫穷的故事，就会明白希望工程的那句文案“知识改变命运”的深度；

当你经历过被孤立后的那种绝望，听到利物浦足球队的那首流行全球的歌曲《你永远不会独行》（*You'll Never Walk Alone*），就会热泪盈眶；

当你了解家庭关系可以撕裂到什么程度，就会懂得为什么有人会写出“平凡就是福”这句话。

了解异常的故事，会刺激我们产生更加深刻，甚至崭新的情感体验，发现社会环境和文化有影响人心的强大力量。心理学泰斗之一卡尔·荣格（Carl Jung）曾说过："就算是快乐的人生，也不会没有黑暗的成分，如果没有悲伤的平衡，快乐这个词语就会失去意义。"了解黑暗面会让我们下笔更深刻、更细腻。

有人说精神状态异常的人更有创意，但根据荷兰阿姆斯特丹大学学者马泰斯·巴斯（Matthijs Baas）及其研究团队25年来针对情绪与创意关系研究的统计分析，人在心情愉快的时候才是最有创意的。所以，如果你情绪低落或累了，尽管去休息一下，换个心情再回去工作，效果会更好。

3. 跳出你的舒适圈

想要提高同理心水平，你需要跳出舒适圈，并参考以下方法：

第一，时刻保持好奇心。改变过早对事物进行判断、定性的习惯。

第二，了解他人的近况。全心倾听，观察他们的小动作、表情和整体行为，获取更多线索。

第三，读经典文学作品。美国社会心理学家伊万纽尔·卡斯蒂诺（Emanuele Castano）发现，相比阅读流行小说、非小说和不阅读的人，读经典文学作品的人的同理心水平明显更高。这可能与经典文学作品经常描写不同角色的复杂的心理活动有关。

第四，学习另一种语言。美国芝加哥大学学者萨曼莎·范（Samantha Fan）和其研究团队在 2015 年的研究中发现，在双语环境中成长的孩子，在理解其他人的想法上表现得更好。其中一个原因可能是，多语言环境带来更多的社会体验和文化线索，人们会更有意识地找出谁在说、为什么说和适合在什么场合说，帮助自己适应社会和生存。

第五，拓展你的生活圈，认识圈外的朋友。我面试过很多对文案写作有兴趣的人，与一般面试官集中看作品集不同，有机会的话，我更想听听他们的人生经历。写作人要有说故事的能力，自然最好也是个有故事的人，因为这代表他对更多角色和情感起伏有过“第一手”体验，同理心水平会较高，格局也会更大。

我曾经面试过一位三十岁左右的朋友，他在家乡开过广告公司，但来到我这里的时候，却是应聘初级文案。我想他既然愿意放下身段，肯定是有故事的，所以约了他见面聊。听完他起起落落的经历和感悟之后，我决定录用他。现在，他已经是一位独当一面的创意总监了。

一个拥有不同背景的成员的队伍，也会比都是同类人、同在一个圈子的队伍擦出更多火花。例如，调酒师想的可能是最近哪个酒庄发布了新产品，酒吧的灯光和音乐怎么调，最近来喝酒的人都在聊什么，新菜单怎么开发……如果你的队伍中有一个拥有调酒师经历的写作人，肯定会带来与只做过很多酒类广告的写作人完全不一样的视角。

除此之外，圈外的朋友与你的利益冲突通常会比较少，所以他们也更愿意诚实、全面地分享自己及其专业领域的故事。我们还可以从他们身上观察到不同圈子的语言形态，有助于我们调整写作语调，从而贴近不同读者的习惯。例如，一个玩嘻哈的朋友，大概会很愿意和你聊 MC HotDog（姚中仁）和吴亦凡，聊他们各自的歌词赢得了哪些细分群体的认同以及背后的原因。

4. 来一场角色扮演的游戏

面试时，我常邀请对方玩角色扮演的游戏，请他进入一个与他本人甚至与我的生活完全没有关系的角色，尝试从角色的角度说出一段故事。

例如，我给的人物设定是：你是一个 14 岁的埃及男孩，住在距离首都开罗 4 个小时车程的乡村，每天上午要上课，下午要去首都的足球俱乐部参加 2 个小时的训练，晚上回家。我会跟着故事的线索，逐步向应聘的朋友提出问题：你觉得这个男孩为什么每天都要这样训练？可不可以描述一下他的房间是什么样的？他的爸妈会是怎样的人？他在学校最喜欢的 3 个科目是什么？他要吃什么午餐？他坐什么车去首都？在 4 个小时的乘车时间里他会想什么？他第一次见到教练是什么心情？他擅长踢哪个位置？他有什么保持体力和状态的方法？晚上坐车时他又在想什么？

这个设定其实源于利物浦足球俱乐部前锋穆罕默德·萨拉赫（Mohamed Salah）的真实故事。你没想过、没经历过的，不代表没有发生过，如果我们有角色转换的能力，一步步尝试贴近对方，就有把他的整个生活形态编织出来的可能。这个游戏的重点不是要求你精确地把萨拉赫的童年说出来，而是要看你能否做合理的推理，具体描绘出各种容易被忽略的细节，从而做出系统化的情感推测。在回答问题的过程中，我们当然也可以看到这个人的语言和临场反应的水平。

除了扮演与自己毫不相关的角色，你也可以选择与自己可能产生某种联系的角色。假设你很爱抽烟，可以试试换个角度，让自己进入一个刚刚在医院被确诊为肺癌晚期的烟民的角色，描述自己从医院走回家，沿路看到的风景、感受等细节，那一定与你平常看到的很不一样。

04

语言特性背后的心理

1. 影响心理的语言范畴

文案写作人的语言文字能力要比一般人高，这不是指我们要比一般人多看了多少书或多认多少字，而是我们应该了解语言的特性，可以自在地操作，为我们的写作目的服务。

语言之所以为语言，是基于以下三个特性：

第一，语言有含义。它可以让用同一种语言的人明白语言符号背后所承载的含义。

第二，语言有规则。即便是陌生人，也有办法系统地了解你所写的以及意在言外的线索。

第三，语言有衍生能力。通过语言符号的组合，可以创造大量的信息和含义，来适应时空背景不断变化的需求。

这三点使语言具有强大的创造力。在不违反语言规则的前提下，人们想更精准、更细致地表达某些含义，会创造出各种同义词和近义词，从而提升表达的准确度，也带来更具体的画面。

例如，我们要表达“受大家关注的人”这个意思，就有不同词语可以选择：“C 位”，会让人想到团体中的领军人物，但如果这个人跟其他人没什么关系，或者独自一人出现的话，这个词就未必适合；“焦点”，会让人想到镜头里最清晰的人物，至于这个人旁边有没有人，或有什么样的人都不重要，因为焦点以外的那些本来就会被虚化、被忽略掉；“关键人物”，用这个词来形容一个人的话，这个人的外表就不那么重要了，他受关注是因为他有足以改变当下局面的内在能力。

有一门结合语言学、认知科学和心理学的跨界学科，叫心理语言学（psycholinguistics），它探索了人们认字、阅读、学习和记忆的过程是怎样影响其想法和行为的。心理语言学认为，语言不会限制我们理解世界和产生思考的能力，可是会影响我们对事物的观感、注意力和特定范畴内的思考。例如，说中文的孩子会比说英文的孩子更快学会数数，如中文“十一”是两个方块字“十”和“一”，而英文 eleven（11）与 ten（10）和 one（1）都没有明显的关系，相比之下，中文在表达数字的语言逻辑上要简单、好理解得多。

心理语言学是发展中的学科，可是大部分专家都有共识：语言结构和人的心理结构有某些对应关系，但不是绝对的精准。没有绝对精准的对应就表示没有必胜的写作战术。事实上，我们看文案的时候，不会只看到文字，还会随着句子的间隔和节奏，在脑海中浮现画面，甚至在耳边响起读音，同时，理解还会受各种细节及我们所处的社会环境影响。这个过程是一种能够触发多重感官、不受写作人完全控制的体验。

影响心理的语言范畴有几个方面：

第一，语意。即词语的含义和逻辑。

第二，语音。如英文“taxi”，普通话译为“出租车”，粤语中则直接音译为“的士”，这与部分地区受外来文化的影响更早、更深有关。

第三，句法。即使句子的含义相同，但改写一下感觉就会不一样，如“我喝咖啡”和“喝咖啡的是我”，所强调的部分就不同。

第四，构词。即一个词的组成结构。例如，广告行业常用的英文单词 pre-production（前期制作）和 post-production（后期制作），前缀 pre 代表事件发生前，post 代表事件发生后，结合字根 production，即便不是广告行业的人，也可以根据词语的结构把意思推测出来。中文也有类似的特征。当我们看到部首为“氵”（水）的汉字，就知道它大概与液体有关，这可以加快我们对字的解读。

第五，语境。即投放环境和社会文化。

以上这些范畴，会在读者看文案的同时影响其观感。因此，我们对待语言要有整合思维，听、说、读、写等各个范畴都要有所考虑。否则，就可能会出现语意表达准确了，但是语音让读者联想到其他方面的情况；或者句法看来没有问题，但触犯了某些群体的禁忌等问题。多管齐下，才可能避免不必要的干扰，把读者留在我们设定的沟通范围内。

2. 语言是具体的，又是不具体的

“他说的是字面意思，还是有其他意思呢？”我们经常问的这个问题，说明语言是我们离不开又不好掌握的沟通工具，这是因为语言的本质是暧昧的——具体，又不具体。

例如，我们都曾试过很具体地要求发型师把我们的头发剪短一点点，他却剪掉很多，这是因为每个人心中对“一点点”这个尺度的标准不尽相同，理解因此而出现偏差。

又如，一个名为 Keep 的社交健身 App 曾经有一句著名的文案：自律给我自由。这句话很容易让人想到这样的画面：一个人认真锻炼后感觉浑身舒畅，轻快无比地跑向远方。

问题是，什么是自律？什么是自由？结合这个 App，我们当然可以想到运动，但自律也可以是坚持坐禅、每天早睡早起、始终关怀别人；自由也可以体现在健康、财富、心态等方面，不一定指运动。

自律和自由本来是抽象概念，可是因为有语言文字，抽象概念也可以化成具体的形式，成为方便说、写、传递的信息，从而使沟通变得简单、快捷。

以上两种截然不同的现象，说明语言远远谈不上精确、完美，当然，没有哪种沟通工具是精确、完美的。这为写作人带来一个机会：利用语言方便、暧昧的特性，将同样的内容，通过运用写作技巧，带给读者不同的感觉。不过，写作人也不可以滥用语言暧昧的特性，歪曲事实，否则可能会带来严重的反效果。

曾经，有一位自称互联网创业公司负责人的人找我喝茶，谈合作。他介绍自己公司的时候说："最近我们在帮一家金融公司的新系统在某个区的商贸市场落地。""系统""落地"，这听起来像不像用高科技改造市场运营、改进消费者体验呢？可是当我一步步追问他是怎么落地的时候，他很快就招架不住了，只能老实说是在菜市场帮忙发宣传单、贴海报。我听到后立刻起身离开，倒不是因为对他实际在菜市场做什么有意见，而是因为他利用语言的暧昧刻意误导我，让人难免怀疑他的人品。

写作肯定有虚虚实实，有内容、有技巧，但是不可以只有虚，更不可以刻意欺骗。文案写作也难免有向读者传播新概念的需要，这时候更要减少过度的虚，才会方便读者理解。我们可以利用以下三个方法：

第一，多用简单、指向性强的词语，少用让人产生太多联想、太过虚无的词语。

第二，对于比较复杂的概念，用比喻说明。例如，想让男人明白生孩子有多辛苦，你可以说，就像梅西朝你的肚子近距离猛射一百次球那样的感觉。

第三，结合辅助的沟通方式，如图表、照片、视频等，或者在面对面沟通时，配合表情和辅助手势等。

3. 结构与逻辑的重要性

解读语言文字是一个线性的过程，通常都是先看前文再看后理。写作人不像美术家、设计师那样可以比较自由地组合画面元素，因为后两者的作品一般没有限定的欣赏路径，看整体、看细节，从左到右看、从各个方向看都可以，而文字作品却十分依赖线性的结构和逻辑。中文写作有起承转合的说法，就是提醒写作人布置内容要有策略，才能让读者愿意看下去。

我们举一个经典的例子。运动品牌耐克有一句经典的文案：Yesterday You Said Tomorrow，译成中文是：昨天，你说明天。

同样的六个字，如果改成以下三句呢？

说明天，你昨天。

明天，你说昨天。

昨天明天，你说。

同样的文字，同样有停顿，但顺序和结构逻辑变了之后，意思和感觉就全变了，甚至让理解都变得困难。结构和逻辑对一个短句的影响尚且如此之大，何况是长篇的文案。

小时候写作文，老师会让我们先拟订一个写作大纲，这实在是个非常务实的建议，因为只有清楚自己的写作逻辑，才会知道在哪个位置反逻辑产生的效果最理想。天马行空当然可以，但那是在头脑风暴的阶段。由于语言的特性，我们写好初稿后，一定要回头检查和调整文案，至少要从读者的角度判断他们会不会看不懂，以及创意的呈现是否合理。

耐克的“昨天，你说明天”很容易让人们听出弦外之音，这是对那些天天找借口拖延、不落实行动的人说的。结构和逻辑的简单、清晰，使这句话特别有力。

想达到这样的效果，有三个方法可以帮助我们：

第一，确定最重要的内容点，明确不同内容之间的主次。这就像吃上好的牛排，配菜再特别，也只是为了突出牛排，让吃的体验更好而已。

第二，在不同内容之间建立清晰的关系连接。如“自律给我自由”，虽然自律和自由都是抽象概念，可是因为两者之间有明确的因果关系，读者就很容易明白。

第三，改正自己由于不够了解或缺乏自信，随便找点内容搪塞的不良习惯。就像人犯错的时候，经常寻找借口搪塞、企图撇开责任的心理，虽说这是人之常情，但结果可能是对方会搞不懂，甚至因此而讨厌你。

4. 发言者的角色与影响

我们听别人说话的时候，首先注意的其实不是对方说了什么，而是他是谁。例如，有人过来跟你说：“要不要一起喝杯咖啡？”如果对方是富商，你大概会觉得他看中了你的资源或才能，想和你合作；如果对方是追求你的人，你可能会觉得他想争取机会展现自己，或想确认你的心意，而这些都和咖啡本身没什么关系。

我们要以演员的心理去写作，还要明白维护我们所代表的角色的重要性。一个角色对读者来说有力量，是因为其有长期的行为累积。写作人要承上启下，长期维护角色的一致性，因为如果角色的行为互相矛盾，读者会产生疑惑，甚至可能会避开或者害怕他。

不同角色说话的意义和分量也不一样，甚至完全相反。如同样是机械腕表，不同的品牌都说自己的腕表计时十分精准，你会选择相信有悠久历史的大品牌还是其他小品牌呢？如果没有足够的时间和资源让读者渐渐接受，那么最好采用与同类对手不同的写作策略，为你所写作的角色找到生存空间，避免硬碰硬，成为“炮灰”。

05

妨碍传情的文案病

1. 越抽象越有距离

在人类沟通的过程中，信息发送者把内容素材编成符号信息，如文字和语调，而信息接收者解读这些符号信息的能力决定了他最终会产生什么印象。所以，文案写作的问题是涉及写作人和读者双方面的，而写作人如何编写信息和读者如何解读信息是关键所在。

长期的关系离不开真实和有趣，但在做到有趣之前，要先做到真实，而妨碍真实呈现的往往是抽象。

真实不等于把所有东西不加思考、不加包装地全部摊出来，因为有时候，这反而会让读者困惑。例如，有一定知识水平的行业专家，没有考虑到一般读者的水平并不像他那么高，只以自己的方式来沟通，虽然说得很真实，读者却会觉得抽象难懂。这就是知识的诅咒（the curse of knowledge），属于认知偏差的一种。哈佛大学著名认知心理学家和语言学家史蒂芬·平克（Steven Pinker）认为，知识的诅咒是优秀的人写出差劲的内容的最佳解释。

再比如，一位汽车工程专家长期钻研发动机技术，有一天他想到了改良发动机的方法，就想跟其他人说明这个改良有什么好处，但其他人可能是销售人员、厂商、公关人员等，即便同样是工程人员，也不一定拥有专家的水平，也不会那么深入地了解改良的原理。如果专家没有注意到这一点，始终用他习惯的深奥的力学、工程学术语来沟通的话，大部分人都会搞不懂，那么让他们从中提炼出让消费者动心的卖点就更难了。

同样，文案写作人的语言能力、文学修养一般比普通人高，因此容易停留在写作技巧的世界里，沉醉于讲意境、讲感觉，甚至对浅显易懂的写作方式不屑一顾。另外，他们会从工作项目简报和客户提供的资料中获得比一般消费者更多、更深入的产品信息，因此也容易陷入知识的诅咒。

有时候，读者并不是最终受众或做消费决定的那个人，而是负责转达信息的人。例如，有一个男人想买一辆新款的路虎，打动他的是路虎的多项越野功能，可是家里管财政的老婆不一定对这些烦琐的功能感兴趣。如果产品文案可以化繁为简，总结出各项越野功能对使用者的好处，如开车更安全、可以到达更多意想不到的地方等，本来跟老婆不相关的越野功能，就可以变成高度相关的安心乘坐体验，这样老公说服老婆的工作就简单多了。

有时候，读者也喜欢听讲故事的人铺垫剧情、制造悬疑，甚至故弄玄虚，因为这会引起他们的好奇心，但重要的是，破题时不要让读者的期待落空，更不要让他们迷失方向。

我们经常可以看到以下三种产生距离的文案的写作问题：

第一种，生硬地套用语言形式，如套用某种句式或流行语。例如，我们经常看到政府机构用这样的句式：对某一个成就表示热烈的祝贺！这种句式是有特殊历史背景和政治思考的，听的人照以前政府机构使用同样句式的场合，就可以明白其中肯定的意味。可是文案是写作人为了向大众推广主张而写的，如果一家汽车 4S 店也生硬地套用这个句式：对您喜提尊驾表示热烈的祝贺！这种句式合适吗？ 4S 店是车主的领导吗？

生硬地套用显示写作人对自己行文用字缺乏自信，思虑不周详。例如，在一些裁员的新闻稿中，企业会把“裁员”写成“优化结构”，把员工被动失去工作的这层意思抹掉。企业使用这些刻意转化、诱导读者观感的词语，虽然不能说是在说谎，但毕竟是从裁员企业的立场去使用的，为的是避重就轻。可是写作人并没有任何义务采用这种立场去写自己的文案。如果写作人不经思考，就将这些自带立场的词语套用到文案上，等于把这种避重就轻合理化，而如果用在反对企业无理裁员的作品上，更是自损说服力。

第二种，词语过度“集成”，语意变得抽象、含糊。一种过度“集成”是把词语生硬地缩减、合并。例如，“高大上”是由“高端”“大气”“上档次”三个意义不同的词语合并而来的，那么这个词到底更偏向哪种意思呢？劳斯莱斯、布加迪、迈巴赫、法拉利、宾利、保时捷，这些品牌都可以说是“高大上”，可是它们都一样吗？如果一位写作人只懂得用“高大上”来形容它们，那只有几种可能：写作人对内容的认知水平低，忘记了文案要写出独特形象的任务，语言能力不够，或者太随便了。

另一种过度“集成”是空泛概括，草草了事。例如，说一个人品德好，到底具体是指他大方、宽容，还是他坚韧、勤劳呢？还有说护肤品对肌肤有积极作用，其实也等于没说。

第三种，受外语句式和写法的过度影响，让语意变得抽象。余光中先生曾经在香港《明报月刊》上发表了一篇名为《怎样改进英式中文？——论中文的常态与变态》的文章，指出中文的常态在于用词简洁、句式灵活、声调铿锵，这种常态能帮助读者具体、快速地解读信息，可是如果生硬地照搬外文写法，如英文经常使用抽象名词和弱势动词，在语言常态不一样的中文里就会显得拖泥带水，要用更多的文字来表达同一个意思。例如，英文“take appropriate action”，有人会将其写成“采取适当的行动”，可是在中文里，其实只要写成“做对的事”就可以了。

2. 被动式与词语抽象化

“他是阿文”与“他被称为阿文”这两句话，是不是第一句听起来比较自然?

这是因为中文多用主动语态，而且可以清楚地交代主客关系。如“他有偷东西的嫌疑”，而不是“他被怀疑偷东西”；“这家餐厅获得米其林三星”，而不是“这家餐厅被米其林给了三星”；“他升职了”，而不是“他被升职了”。当然，中文被动式中也经常会用“被”字，只不过在中文语境中，有的时候“被”是带有负面联想的，如“被告”“被害人”“被压迫”等。

例如，我们说一个人“被升职了”，有可能会让人感觉这个人对升职毫无作为、十分被动，或是公司因为想整他，才突然将他提到一个高风险的位置，所以不能确定这是好事。但如果说“他升职了”，之前的联想就不会出现。如果我们想强调这是好事，则可以写“他获得升职”或“他获得晋升”。

人们在中文里滥用被动式，正是受外语写法的影响。然而，即便美国心理学会（APA）出版的《美国心理协会刊物准则》，也建议大家优先采用主动式写法，原因有两个：

第一，主动式写法可以清晰地说明事情的顺序。如“我喝咖啡”，主客关系非常清楚。如果采用被动式，“咖啡被我喝了”，读者要到最后才知道是谁在做，在长句里更容易使读者迷惑。

第二，主动式写法的句子比较短。读者理解短句会比较容易。

虽然 APA 没有禁用被动式，我们也不用很教条地把被动式全盘否定，只是需要在使用时考虑其所应用的场景是不是真的适合。

将本来有具体意义的词语抽象化的现象也越来越多。常见的形式有：

第一种，减少词语的信息含量，降低指向性和复杂程度，将含义广义化。如看到“2022 年世界杯决赛用球”，我们会很清楚地知道这是特指哪一款球。如果将其广义化为“世界杯决赛用球”，那么几十年来世界杯决赛用过的球都算，不过因为提到世界杯决赛，我们脑中还会有相对具体的形象，如专业的顶级足球。但如果继续广义化为“足球”，甚至“球”呢？我们还能知道写作人实际是指哪一款球吗？

第二种，使用有学术权威感觉的前缀或后缀，实际上是故弄玄虚。例如：

他是热情型的人。

他是有热情属性的人。

他是热情度高的人。

这三句无非都是说“他是热情的人”。“热情”是主观的判断，在其后加上“型”“性”“度”这种科学量词，实际上是一种伪科学。如果不是出于特定意图，这样写会模糊重点——到底你是想说他热情，还是想把他的热情程度和其他人做比较，或者只是缺乏自信，所以要“装”一下呢？

第三种，滥用表达精确的词语。例如，零距离的意思是没有距离，贴在一起。本来感觉很精确、客观，但我们常常看到艺人的活动宣传中会写：来跟你的“爱豆”零距离互动！好像是说你可以跟偶像紧贴在一起，连1厘米的距离都没有，但你真的可以那样做吗？如果写“与偶像亲密互动”“他就在你身边”之类的，不是更准确、更温暖一点儿吗？

总体来说，抽象化用词会削弱文案与写作人身份的联结，模糊责任归属，行文感觉会变得比较冷淡和疏离。为了避免读者因此而放弃投入感情，写作人面对抽象概念时，必须充分了解概念的本质，更要避免在本来就抽象的概念上再套上抽象的用词和写法。

3. 寄生语言的问题

寄生语言是指人们要依赖另一种通用语言才能明白的语言，如网络用语。如“XGGXJJ”，是“小哥哥小姐姐”的拼音首字母组合；“NBCS”是英文“Nobody cares（没人在乎）”的缩写，“CP”是英文“Couple/Coupling（一对）”的缩写。

寄生语言是某个阶层或圈子专属的通关符号。以通用语言为基础，加上“厚包装”或形式转化，增加阅读难度，以此将外人隔离在圈子之外，同时加强圈子内人员的身份认同。这种不直接的沟通不是新鲜事，多年前的 ASCII 文、火星文，都是寄生语言。

有些广告主觉得，用寄生语言跟目标圈子里的人沟通，肯定又潮又精准，以为这样可以让对方觉得“我懂你”，但其实对方还会看说这些话的人是什么身份。

如果说话的人本来就属于该圈子，如企业做校园招聘，有时会跟学生群的群主合作，利用群主身份帮他们说好话、做介绍，同学们会比较容易接受。但如果这些学生发现使用“00后”用语的广告是由企业或快餐店，甚至是卖凉茶的人说的，就难免感觉有点儿突兀和尴尬了。

即使写文案的人真的是“00后”，上述的做法也不合适。因为写作人是为品牌而写的，读者看到的并不是他“00后”的身份，而是品牌。虽然使用对方的常用语和说话方式是常见的沟通技巧，可是寄生语言由于具有保护属性，所以是个例外。

另外，寄生语言的生命周期比通用语言短很多，而且懂寄生语言的人在生活中，也还是要使用通用语言的，所以在不确定的情况下，还是用简练的通用语言更有保障。

4. 藏不住的卖弄与“自嗨”

妨碍与读者传情的还有一个重要因素：写作人的心态。

我们经常会看到两种写作人：觉得自己文笔很厉害，坚持一种写作风格的人；自我感觉特别良好，以为自己的语言艺术水平登峰造极，看不起合作伙伴的人。前者是死守着舒适圈，以卖弄文笔来掩饰对内容理解得不透彻，难以适应时代和行业的变化；后者是扭曲了应该有明确目的、有策略谋划的文案，只想满足自己的空想和“自嗨”，不把读者放在心上。即使写法没有硬伤，但读者是可以从文案中看到写作人的心理状态的，只有放下身段，务实、灵活，写作人才能适应任何时代，面对任何写作挑战。

我们在写初稿的时候，可以随便想，随便犯错，只要后面有足够的时间排除问题，进行润色，甚至重写很多遍，以苛刻的标准要求自己，让最终的文案有连通读者、传情达意的效果，就算有职业写作人的风范了。

06

减少阅读的心理负担

1. 从读者已知的内容说起

心理学家很早就知道，说话方式对人际关系影响很大。人更喜欢与和自己相似的人建立关系，可是这个“相似”是有条件的。

2008 年，荷兰心理学家卡里曼（Karremans）与维马伦（Verwijmeren）研究发现，人在没有意识到对方在模仿自己的时候，才会被对方吸引，低水平的模仿，如生搬硬套或重复对方的话都没有用。2010 年，得克萨斯大学奥斯汀分校的心理学家爱尔兰（Ireland）与宾尼贝克（Pennebaker）研究了单身人士速配活动的参加者，发现彼此语言风格接近的人更有可能持续互动。语言风格接近反映了两个人的心理状态接近，容易有交集，更容易产生一致的想法。

写作人没有办法与读者在线下聊天、相识，而运用非语言沟通（如表情、动作、语调等）又有所限制，所以，从对方已知的信息自然地说起，是拉近彼此距离的有效方法。

我的家人和朋友中，有很多是上海人。刚开始的时候，为了让他们感受到我的生活，我经常会介绍一句香港俚语，叫作“食叉烧”，即“吃叉烧”的意思。

食叉烧的说法来自香港第一位国际排球裁判，也是著名电视体育节目评论员雷礼义先生。排球和叉烧有什么关系呢？起初，排球在香港不是很受欢迎，可是在20世纪80年代初，中国女排表现非常出色，赢得了很多香港人的支持，香港地区的电视台也经常转播比赛。但香港人并不懂排球，对打法和策略都没兴趣，他们只在意中国女排是否可以打败对手。可是排球比赛持续的时间长，不可能每一秒都是决胜时刻，怎样才能保持观众的兴趣，让他们持续看下去不换台呢？

雷礼义先生想到，当出现有可能得分的机会的时候，可以引起观众的期待和兴奋，可是因为观众不懂排球，并不能预见机会降临。以雷先生的专业水平，完全可以用专业术语来介绍，事实上他也想到了英文的“chance（机会）”，但只是说“有chance了”感觉还是太直白了，少了点烟火气。

于是，他想到“chance”的谐音有点儿像粤语的叉烧，而在当时的香港，虽然叉烧有点儿贵，可是在附近菜市场的烧味店也可以买到。人们心情好或想奖励一下自己的时候，就会去买一盒回去和家人分享。当时叉烧的性质，用现在的网络语言来说，是一种“轻奢”的奖赏。

最后，雷礼义先生做了“神”一般的语言转化，他在球队出现得分的好机会时会大叫“有叉烧”，形容得分很轻松的时候叫“这块叉烧真好食”，错失得分良机的时候叫“那么大块的叉烧居然食不到”。从此，叉烧就从香港人熟悉的食物，变成了生命力强大、家喻户晓的语言符号。直到现在，“食叉烧”依然是香港人爱用的俚语。

从读者已经知道的内容说起，划出一块与读者的交集，然后一起往比较不熟悉的内容推进，可以加强读者投入的意愿，降低读者解读信息的难度，使读者更快进入状态。

2. 短句、短句、短句

2018年，广东中山大学一群物理基地班的校友回母校参加聚会，合照的时候，他们拉起了一条超长的横幅，上面写着：双鸭山大学首届“啃了好几年弦熵核群论量子拓扑非线性凝聚态傅里叶薛定谔麦克斯韦德布罗意最后有的卖手机有的打游戏有的卖衣服有的当电工有的卖保险有的当码农很多没对象究竟是怎么一回事”研讨会，结果刷屏了。

当然，他们是为了联谊，“自黑”一下，引号中连续使用79个字，肯定也没有让读者容易理解的想法。

写文案却不一样。2009年，美国写作老师安·韦莉（Ann Wylie）引用当时美国报业协会对410份报纸的调查时指出，在一篇文章里，如果分句的平均长度是14个英文单词的话，超过90%的读者可以理解；如果平均长度达到了43个单词，理解的人则不超过 10%。也有其他研究根据历史资料推断，人类可以轻松理解的句子长度有越来越短的趋势。

短句便于读者理解，可是只有“短”是不够的，把内容素材“切”成既好消化又方便品味的小块，才会有好效果。就像吃牛排，如果你不考虑不同部位各有滋味，只是盲目地将肉全部切成小丁的话，实际上是浪费了这块牛排。1956 年，认知心理学家乔治·阿米蒂奇·米勒（George Armitage Miller）发表了对短期记忆能力的重要定量研究结果——《神奇数字：7±2》（*The Magical Number Seven, Plus or Minus Two*）。他发现，人的短期记忆容量大约是 7 个单位，并将这 7 个单位称为组块。组块不是指有硬性标准的长度单位，而是根据相关特质将内容分成的组。

以中山大学校友们的横幅为例，我们可以根据内容的相关性尝试分组，如：

啃了好几年，
弦熵核群论量子拓扑非线性凝聚态，
傅里叶薛定谔麦克斯韦德布罗意，
最后有的卖手机有的打游戏有的卖衣服有的当电工有的卖保险有的当码农，
很多没对象，
究竟是怎么一回事。

这 6 组内容实际阐述的主题是：同学们花了多少时间，学过什么理论，知道哪些学者的著作，做过什么工作，现在的结果如何以及发出的疑问。每个组块里面的内容都是彼此相连的，可是每组的长度并不一样，这比连续 79 个字为一组要好理解得多，虽然它依然是 79 个字。

短期记忆有三种特性：

第一，有限的容量。

第二，有限的储存时间。这种记忆是很脆弱的，会因为受到干扰和时间的流逝而消失。

第三，信息编码形式带来的影响。对写作人来说，信息编码形式就是指你采用的写作方法。你写出来的文案是朗朗上口，还是发音突兀呢？

短句还可以带起文章的节奏。人是从多角度去理解和感受语言的，整齐的句子和长短不一的句子给人的感觉并不一样。例如，从有格律规定的唐诗宋词到中文的说唱歌曲，都是有意识地使内容与句式节奏的变化相结合，以便咏诵和流传。稍微调整一下中山大学横幅的后半段，其实也可以变成有节奏感的文字：

有的卖手机，有的打游戏。
有的卖衣服，有的当电工。
有的卖保险，有的当码农。
很多没对象，怎么一回事。

3. 标点符号心理学

标点符号是最自然的文字分隔和情感提示工具，可以防止读者误解内容，甚至避免法律和道德争议。

我曾经在某个微信公众号上看到一篇文章，标题是“一次性工作奖励人均2万元”。如果在“一次性”后面加一个逗号，是不是就不会让读者有其他联想了？

一般来说，标点符号太少会让文案看起来不那么整洁。要知道，在读者看来，文字排版其实是一个画面。有了标点符号，读者不用细看文字，也大概知道内容从哪里开始，是陈述还是疑问。这就像家里的收纳空间，你觉得全家的东西都放在一个大柜子里比较好找，还是分成不同的隔间，有条理地分类放置比较好找呢？

如果我们给中山大学校友的标语加上标点符号的话，就容易理解他们写的内容了：啃了好几年弦熵核群论、量子拓扑、非线性凝聚态、傅里叶、薛定谔、麦克斯韦德、布罗意，最后有的卖手机、有的打游戏、有的卖衣服、有的当电工、有的卖保险、有的当码农，很多没对象，究竟是怎么一回事？

不过，标点符号也不是万能的，更不可以滥用。例如，人们经常滥用感叹号。一个感叹号本身表达的已经是强烈的情绪了，如果连用三个甚至十几个感叹号，如“我现在超不爽的！！！！！！！！！！”会不会有一种很吵、说话人很失控的感觉？有人觉得叠用这些符号可以表达“比强更强”的情感，可是读者对所谓的“比强更强”可以忍耐多久？就像身处一个噪声达 140 分贝的环境，人们可以坚持多少秒？这样做考虑过读者的感受吗？

可如果是在特定的传播渠道，标点符号又可以带来不一样的沟通效果。2016 年，纽约州立大学宾厄姆顿分校心理学教授西莉亚·克林（Celia Klin）等学者研究发现，在手机短信中使用句号会让接收者感觉不真诚、冷漠、唐突。另外也有研究发现，人们在短信中使用感叹号的话，接收者会倾向于认为发信者是真诚的。

为什么同样是用标点符号，在不同的渠道用会有相反的结果？克林将这种现象称为文本主义（textism）。相比面对面和多媒体沟通，文本的电子信息缺乏非语言线索，如表情、语气等，长度又短，用语言交代情感的空间有限，加入辅助符号，可以使情绪表达更加外露，弥补非语言线索的缺失。克林认为，文本信息中的一切元素，如构词、表情图标，甚至动态 GIF 图，都有影响人心的能力。

4. 字体与画面

还有一个对文案影响重大却经常被写作人忽略的元素，那就是字体。

史蒂夫·乔布斯（Steve Jobs）曾经在里德学院上过一个学期的书法课。他曾说他在那里学会了使用衬线和无衬线字体，学会了在不同的字母组合之间改变空格的大小，学会了如何做出很棒的排版。字里行间的美感、历史感和精细的艺术感是科学很难捕捉到的。

人类有一种判断文字及对象的习惯，叫启动效应（priming effect）。意思是人们在受到某种事物的刺激时，会触发其内隐记忆里与之有关联的事物。例如，我们看到黄色之后，可以很快在脑中浮现出香蕉，因为黄色和香蕉有着天然密切的联系。

有些写作人认为自己只要专注于文案就好，画面交给设计师就行。可是，如果你要表达女生恋爱时的细腻情感，结果设计师在传播物料上使用了粗犷的手写毛笔字，或者为无印良品的文案选用了少女字体，这样不奇怪吗?

GAP 服装公司在 2010 年就因为字体犯了错。GAP 把用了二十多年的蓝底白字、全部大写、使用衬线字体 Spire 的 logo（标识），换成以 Helvetica 字体写的“Gap”。Helvetica 字体很中性、很现代，可以说没有什么场合是特别不适用的，所以被很多人选用，甚至 GAP 的主要竞争对手 American Apparel 服装公司也用这款字体。GAP 的 logo 是文字，所以字体有决定性的影响，而新的 Helvetica 字体 logo，太过中性和通用，甚至让人怀疑 GAP 是不是决心要从有个性的品牌变为平凡的“路人”品牌。因为 Helvetica 字体实在难以引发人们内隐记忆中的 GAP 的形象，在收到消费者激烈差评后不到一个星期，GAP 就用回了以前的 logo。

写作人有责任监督文案会以什么字体呈现，所以要与设计师好好沟通，因为有些情感是意在言外的，设计师不会像你那么清楚你真正想表达的是哪种情感。

07

准备吸引读者的鱼钩

1. 给他一个看你的理由

如果读者毫不在意我们的文案，它就没有价值。所以我们在写的时候，要思考这篇文案可以为读者带来些什么。

所谓价值，是能够满足人理性或感性需求的元素，而人的需求，会随其所在的时空背景，出现不同的层次。1943 年，美国心理学家亚伯拉罕·马斯洛（Abraham Maslow）提出了著名的需求层次理论。他指出，人的生理及心理需求会在不同阶段影响其动机与行为。当基本需求得到满足之后，人会追求更高的境界，那个时候，针对基本需求的传播，吸引读者的效果就会大打折扣。

例如，方便面最基本的功能是快速填饱肚子，而且比较便宜，可是市场上的方便面价格从几块钱到几十块钱不等，有鲜肉、大骨高汤型的，还有注重享受型的。在视频平台上，方便面开箱的视频也很多，甚至成了一门学问。

马斯洛的需求层次理论将人的需求分成五个层次：

第一层，生理需求。这是人类生存的基本需要。在这个层次，无论什么口味、什么品牌的方便面，只要存在，就有价值。例如，在荒野极地，只要有口吃的就好了，或者在没钱的时候，有什么比写着“便宜、大碗、超满足”更吸引人的呢？

第二层，安全需求。这是指对秩序、稳定、可预测性的需求，让人不会产生恐惧。这个时候，我们可能会开始挑方便面的品牌，如有能力保证面条品质始终如一的品牌。五谷道场的宣传标语“非油炸更健康”，就是尝试回应这种需求。

第三层，归属与情感需求。在港剧里，我们经常看到男主角为女主角煮面的剧情，这时候方便面就上升为表达爱和满足情感需求的工具。在内地，只要和香港人聊出前一丁麻油味方便面，效果就像和韩国人聊辛拉面一样，一定可以聊上几句，因为方便面在这时变成了家乡归属的符号。如果你还知道将出前一丁方便面里面的那一小包麻油剪开，浇在面上这种地道的习惯，香港人就更会认为跟你有交集，肯定会比较聊得来。

第四层，尊重需求。马斯洛把这种需求分成自我肯定和获得别人肯定两种。小时候，家里人很看重我的学习成绩，但要小孩子一直努力学习并不容易，所以家人动用了“满汉大餐”这个武器。“满汉大餐”是统一集团生产的高端碗装方便面，光听名字就可以让人联想到满汉全席，感觉丰富又高级。小时候，我真的会边吃边联想到当时大热的电影《末代皇帝》的画面。面里还有其他方便面没有的大块牛肉，非常直接地以更高的规格满足了我的身心需求。家人平常不让我吃方便面，但只要考试成绩好，就会让我去买这难得的“满汉大餐”，作为肯定我的奖品。方便面在这个时候简直变成了一块“金牌”，让我吃得自豪。

第五层，自我实现需求。当上述的需求都得到满足之后，人们就会探索怎样全面释放自己的潜能，实现人生追求。例如，有的人会想到，方便面除了好吃还可以用来救灾，让世界变得更好，那么他可能就会大批量购买，去满足灾民的基本需求，也实现了自己心中为世界带来一点儿真善美的追求。

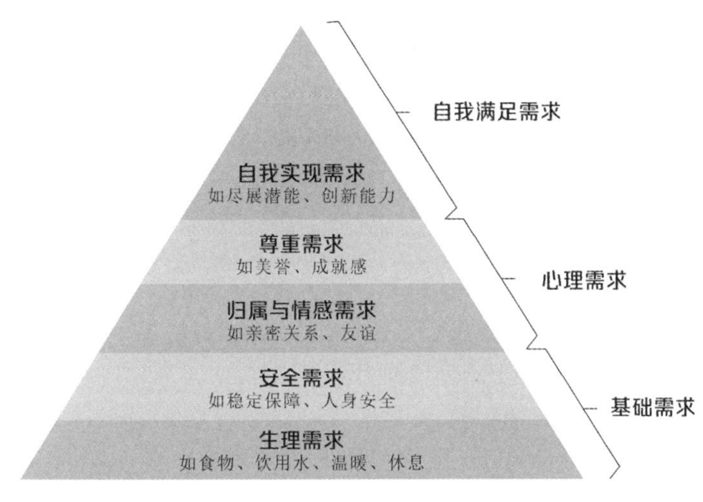

马斯洛需求层次理论

需求层次并不是铁板一块。买方便面救人的人，不代表他在深夜的时候不会有纯粹想填饱肚子的需求。一般来说，消费升级会让人趋向更高层次的需求，消费降级则相反。

不同地域和圈层的需求也不一样，拼多多就是因为明白这个道理，才能够在与淘宝、京东的竞争中站稳脚跟，为一、二线城市以外的群众提供便宜、能满足其基本需求的产品。

文案写作人常犯以固定思维去写作的毛病，因为其办公地点通常是在北京、上海、广州、深圳，平时参考的大多是获奖作品，新媒体写作人参考的则多是近年刷屏的套路文章，然而，这些都只反映了社会的一小部分而已。

所以，我们要搞清楚我们要写的文案，对应的读者需求大概在什么层次，以及在什么时机和场景使用。这样文案会变得更有针对性，让读者感到与自己相关。

在确定读者的需求之后，就要考虑写作方向。写作方向可以归纳为以下几类：

第一，提供实用信息。例如，上海从 2019 年 7 月开始实行垃圾分类，可是很多人搞不懂什么才算湿垃圾。这时候，教大家如何分类垃圾，以及各种垃圾粉碎机、处理器的文案，无论怎么写都会吸引读者。

第二，具有娱乐性。娱乐性是指读者通过阅读文案内容，可以释放压力和情绪，从而愿意认同或支持你的主张。如微信公众号“GQ 实验室”，以及与星座、娱乐八卦等有关的公众号，经常会采用这个写作方向。

第三，使读者情绪发生明显波动。我们经常在运动品牌的文案中看到这个方向。例如，美国美式足球运动员科林·卡佩尼克（Colin Kaepernick）曾经因为抗议美国警察暴力枪杀黑人和社会不公，在播放美国国歌时下跪抗议，球队因此放弃了他。然而，耐克（Nike）选择支持他，并发表了一个以卡佩尼克凝视读者的照片为画面的平面广告，与其搭配的文案是：Believe in something. Even if it means sacrificing everything（坚持信念。就算这表示要牺牲一切）。巨大的争议因此展开。

有人支持卡佩尼克和耐克为正义而战，有人认为他们不尊重国歌，需要抵制。无论如何，这个广告确实吸引了大量的关注者，其中所体现出的勇敢的态度和简洁的创意执行，甚至让这个广告获得了艾美奖（Emmy Awards）。

第四，具有社交货币功能。例如，一个高级时装品牌在宣传新一季时装的时候，其服装用料没什么好说的，走娱乐路线与其品牌和产品定位也都不太符合，也没有什么能让读者情绪产生明显波动的点，似乎前三个方向对它都不适用。在这种情况下，香奈儿（Chanel）提供了一个很好的示范：它讲了很多关于可可·香奈儿（Coco Chanel）和“老佛爷”卡尔·拉格斐（Karl Lagerfeld）的故事，又策划了很多艺术展览和赞助活动。这实际上是利用这些人的传奇和格调品位，持续将其与品牌符号联结，使香奈儿变成优雅品位的象征。这样读者就可以将认同和分享香奈儿的内容作为建立自我形象和人际关系的社交货币。

这些方向有的是理性的，有的是感性的，那么什么时候用理性的方向，什么时候用感性的方向呢？

2001 年，美国明尼苏达大学卡尔森管理学院市场营销学助理教授拉杰什·钱迪（Rajesh Chandy）及其研究团队发现，面向新品类市场的时候，应该多考虑理性方向，而面向已经成熟的市场时，应该多考虑感性方向。

为什么呢？

当消费者对产品不熟悉的时候，会更有动力了解产品的内容和细节，降低购买的风险。相反，在成熟的市场，我们面对的消费者不是菜鸟，甚至可能是专家，走消费者不那么熟悉的感性路线，反而可以让他们卸下心理防备。

2. 找出数据背后的人性和焦虑

2019 年 3 月，美国市场营销协会（AMA）在一篇报道中引述了领导力论坛（Leadership Forum）联合创始人利亚姆·费伊（Liam Fahey）的一句话："最危险的动物，是操作着软件、毕业没多久的 MBA（工商管理学硕士）。"他认为，很多公司会采集数据做分析，可是大部分负责分析的人其实不够成熟，没有真正的洞察力，甚至不知道洞察力是什么，即使做了大量数据工作，判断得也不够精准。

好的文案自带策略，而策略源自洞察。不合格的洞察和策略，只会让文案"死路"一条。费伊认为，市场洞察应该是能够改变人们认知的、新颖的、不明显的、恰当的、可以解释的发现，而且经得起时间考验。洞察要为思考、决策和行动带来新的方向和不一样的优势，而且一定要从人性出发，并在适当的环境中应用。

例如，卡西欧 G-Shock 手表的诞生，就来自工程师伊部菊雄的生活体验。在他考上大学之后，他的父母送他一只手表，他一直很珍惜，但还是摔坏了。于是他想，如果有摔不坏的手表，人们就不会像他那样难过了。摔不坏的手表在当时是不存在的，因此它是新颖的、能改变人们认知的。手表陪伴着人们的生活，当然也是恰当的、可以解释的。当时没有人制造这种手表，说明它是不受对手注意的。G-Shock 流行至今，也说明这个洞察是经得起时间考验的。

在 G-Shock 1983 年推出的电视广告中，我们可以看到冰球运动员猛击 G-Shock，而文案是：

The Casio G-Shock, has a super powerful shock absorber. That's why withstand so much shock.（卡西欧 G-Shock 拥有强大的吸震器，这就是它可以承受那么大的震动的原因。）

多么简单！市场洞察做得好，文案的工作就容易得多。

数据有它的价值，它应该是辅助我们找出洞察的工具，但它和网络环境一样，很多时候有引起误导的可能，例如：

第一，数据是对过去的总结，与现状会有差别。

第二，任何数据都仅仅是事实全貌的一部分。

第三，戏局谬误（ludic fallacy），指用经验理论与模型来预测未来，难免有过度理想化和简单化的问题，而未来的一个微小变化，都有可能完全推翻原来的预测。

第四，麦克纳马拉谬误（McNamara fallacy），指过分倚赖数据做判断。越南战争时期，美国国防部长麦克纳马拉以击毙越南共产党的数量来评估作战是否成功，忽略了游击战和人民反抗等无法量化的因素，结局当然也跟他的判断大相径庭。

所以，数据再重要，我们也不可以迷信，必须结合更多因素去验证。就算我们找到一个出色的洞察点，也要明白，如果时空背景不同，效果就可能相差很远。这也是为什么很多国外品牌来到中国后难以适应的原因。

花呗和台湾全联福利中心都是面向口袋中没有多少钱，却又想实现心中所想的年轻消费者。花呗在 2018 年做了一系列宣传海报，其中有三个标题是：

总是撑到八点后盒饭半价，这样的你，我来犒劳一下。

你总说好电影必须二刷，拿去吧，刷我的卡。

你转过的锦鲤都能开海鲜市场了，年底就请接受我的小幸运吧。

从文案来看，买半价盒饭都要动用花呗，这位读者肯定是经济紧张的，可是花呗还是鼓励他放心花钱，做自己想做的，这与目标读者一直在经济高速增长的环境中长大，对未来又看好的背景是分不开的。

而同一代的台湾人面对经济波动已经有了很长时间，量力而为、减少不必要的消费，早已成为他们引以为傲，甚至愿意告诉其他人的美德。所以，2015 年，全联福利中心顺势将这种消费观念进一步演绎，推出“全联经济美学”系列广告，其中有三个标题：

离全联越近，奢侈浪费就离我们越远。

长得漂亮是本钱，把钱花得漂亮是本事。

来全联不会让你变时尚，但省下来的钱能让你把自己变时尚。

从数据来看，台湾的人均地区生产总值、平均家庭收入、租房率、城市化率等均比大陆高一些。如果你只用数据来比较，却缺乏细致的人性观察和对地域文化的敏感度的话，以为在台湾更适合鼓励消费者花钱，那问题就大了。

3. 提炼重点话术与符号

“充电 5 分钟，通话 2 小时。”谁没有听过 OPPO 手机的这句文案？我们经常在网络上看到长长的文案，为什么人们口中的好文案却只有其中那一两句呢？美国前总统奥巴马的演说充满感染力，但为什么大家也只记得“Yes, we can”？

有两个原因可以解释这个现象：

第一，逐字效应（verbatim effect），指人通常只记得住内容大意，而记不住细节。如我们记住了“充电 5 分钟，通话 2 小时”，可是同一个广告的其他文案呢？

第二，自我参照效应（self-reference effect），指人对和自己有关系的内容印象更深，也更容易记住。

前文提到了神奇的数字 7±2 和短期记忆的关系，那么，我们要怎么把脆弱的短期记忆变成长期记忆呢？

答案就是：重复。

你可能会立刻想到，有的电视广告会在几十秒的时间里不断重复自己品牌的名字。的确，这样会比较容易让人记得它们的名字，可是数据通常会告诉我们，这种广告在投放完后，人们的关注度就会出现断崖式下降。所以，怎样做后续的沟通来承接是一个重大挑战。如果单纯地重复与读者关系不大、不能引起读者共鸣，或者没有其他线索帮助了解的内容，人们还是会难以记住。狂轰滥炸式的重复，不等于会有好结果。

奥巴马的"Yes, we can"第一次出现在他 2008 年新罕布什尔州初选后的演说中，"Yes, we can"其实只在末段重复了几次，可是演讲通篇都贯穿着改变现状的中心思想，末段重复时也穿插了关联性极强的内容，所以，“Yes, we can”就随之火了起来。

由此，我们可以得出一个结论：**提炼出与读者有关系的重点话术和文字符号，加上适当的重复和明确的主题，有利于读者记忆。**想要突出重点，我们首先要肃清不必要的干扰，如错别字、调性不对、随意离题等，然后思考其他部分怎样做好衬托。例如，劳力士的文案总是从头到尾都是不张扬、严谨、没有废话的调性，就像他们产品的品质一样。

除了内容，行文的节奏也可以帮助读者记忆，收获更多认同。

2000 年，拉斐特学院的传播研究学者马修·麦哥尼（Matthew McGlone）和杰西卡·图菲巴赫（Jessica Tofighbakhsh）指出，在意思相同的条件下，人们认为押韵的作品比不押韵的更能准确地描述事实。这是因为押韵可以让大脑更流畅地处理信息，产生真实的感觉。

例如：

人头马一开，好事自然来。

别赶路，去感受路。

确认过眼神，我遇上对的人。

4. 全部说完或者有所保留

在写作的时候，我们还可以不把话说透，以此吸引读者注意我们的文案。苹果就是这方面的高手，它在新产品发布之前，都会制作像邀请函一样的广告，中间配着一句让人似懂非懂的文案。

例如，2006 年的广告标题是“It’s showtime（好戏要上演了）”，结果推出了带来连场好戏的 Apple TV。

2008 年的广告标题是“There’s something in the air”，随后推出了名字中带有“air”的 Macbook Air。

2013 年的广告标题是“This should brighten everyone’s day（点亮每个人的一天）”，首次推出有多种颜色外壳的 iPhone 5c。

为什么我们对这些预热的文案那么着迷呢？因为文案中总有与最终发布的产品发生关联的线索：

有与产品功能的关联，如“好戏”与 Apple TV；
有名字方面的关联，如“air”与 Macbook Air；
有与用户利益的关联，如“点亮”与多彩外壳。

这些关联十分直接。从各个标题来看，你虽然猜不到最终的答案，可是也不会一头雾水——有难度，但难度不高也不低。

1994 年，美国卡内基梅隆大学经济学家和心理学家乔治·洛温斯坦（George Loewenstein）提出的经典的信息缺口理论（information gap theory），可以说明上述现象。他指出，人们想知道的信息量比已经知道的多的时候，信息缺口就会出现，人们会因而产生好奇心。如果读者知道得很多，信息缺口太小，挑战难度太低，人们就会缺乏兴趣；如果读者知道得很少，很难找到线索，信息缺口过大，人们就容易放弃，不想去找答案了。那么，怎么才能做到适中呢？

我们可以参考苹果的做法，将最终沟通的内容作为起点，不要玩太多的躲猫猫、脑筋急转弯，筛选一两个读者能够抓住的语言符号，把我们的文案反推出来。事实上，饥饿营销甚至微信公众号的标题，经常使用这种技巧。例如，“GQ 实验室”的文章中有三个标题：

男人如何获得持久的快乐？

女人根本不知道，男人的购物车有多野

“90 后”的朋友圈有多克制，QQ 空间就有多放肆

这三个标题的内容分别是关于彪马（Puma）跑鞋、天猫商城和 QQ 空间的。“持久的快乐”“购物车有多野”和“有多克制就有多放肆”，就是一些没有说破，但有具体形象，读者抓得住的语言符号。

08

启动读者的情感开关

1. 让大家注意到你的出现

我们都知道先入为主的道理，所以，文案给人的第一印象自然要认真对待。

有一种心理现象叫序位效应（serial position effect），指的是读者对最先和最后看到的内容印象最深，因为读者对这两个部分要处理的信息量，比承上启下的中间部分要少，所以更轻松、更集中。

提到第一印象，就不得不说标题了。提到标题，大家可能会想到近几年流行的比较夸张、耸人听闻的"标题党"写法，其实"标题党"并不新鲜。一百多年前，在美国流行的黄色新闻（yellow journalism），在英国也叫作小报新闻（tabloid journalism），就是采用这种写法的代表。

美国历史学家和新闻学家弗兰克·莫特（Frank Mott）总结了黄色新闻的几个特点：

- □ 不重要的内容，却在标题中大肆渲染。
- □ 使用很多未经授权、可疑的图片和想象、编造的内容。
- □ 编造假的访谈、误导人的标题、伪科学报道及所谓专家的虚假分享。
- □ 标榜同情受压迫的人，实际上刻意妖魔化特定群体。

有没有感到似曾相识？黄色新闻和“标题党”，用媚俗的内容制造噱头，的确会吸引很多人阅读。可是，为什么黄色新闻没有在美国变成主流呢？

1901 年，是美国黄色新闻横行的年代。报业大亨威廉·赫斯特（William Hearst）创办的《纽约新闻报》（*New York Journal*）

中，居然出现了煽动刺杀美国当时的总统威廉·麦金莱（William McKinley）的专栏文章，后来麦金莱真的被刺杀了，美国社会终于意识到，不能再这样下去了。在激烈的道德指责下，《纽约新闻报》倒闭、被合并，从此以后，认真严谨的风格变成了美国报界的主流。所以，“标题党”在引人注意的同时，其实也埋下了不定时炸弹。当人们发现被骗，而且被骗了很久的时候，会异常激烈地反弹。

美国历史最悠久的杂志之一《国家》（*The Nation*）的创始人埃德温·劳伦斯·戈德金（Edwin Lawrence Godkin），在 1889 年曾表示：在所有基督教国家，黄色报馆的氛围大概是最像地狱的，因为没有其他地方更会把年轻人训练成永远遭人唾骂的人了。

幸好，“标题党”不是引人注目的唯一方法。

曾经有一位沉寂了多年的歌手，在参加湖南卫视的节目《我是歌手》时，不过是因为说了一些话，就再次引起了大家的强烈好感。

登场之前，主持人说："你的歌不多，曲库告急啊。"歌手说："不是告急，是一开始就没有。"

主持人问："为什么你没有用智能手机呢？"答："我觉得我这个人太智能了，我这么智能，用智能手机有什么用呢？"

他还说："我其实是一个非常细心的人，所以，基本上没有丢过钱。"

大家猜到他是谁了吗？他就是李健。他当然不是"标题党"，那么他说的话是怎么引起人们注意的呢？

第一，他与其他歌手的风格明显不一样，自然又诚实。

第二，他用词浅白、可亲，虽然他的歌词经常引经据典。

第三，他说的内容有反转，与他斯文的外表落差明显，让人感觉有趣、有新鲜感。

第四，他没有把话说死，而是留有线索让你追随。试想一下，如果你站在李健面前，可不可以跟他聊新歌、手机、丢钱呢？可以的，而且还会很轻松。

第五，我们都比较喜欢幽默和“自黑”的人。幽默可以让人产生好感，而“自黑”则是放下身段，可以减少跟读者的距离感，这样，读者的防备心会降低，更容易认同对方所说的话。

我们还可以利用一些有激发、提示和驱动读者力量的词（power words）来吸引其注意，我们可以称之为动情词。市场策略专家格雷戈里·乔蒂（Gregory Ciotti）在分析了众多相关研究之后，总结出五个动情词：

第一，你。

根据2006年美国新泽西医科和牙科大学学者卡莫迪（Carmody）和刘易斯（Lewis）的研究，人们听到自己的名字时，大脑会出现与判断个人特质时相似的活动，让人立刻认真起来。有些文案的上款，就会特意加上读者的名字，增加读者注意到它的概率。

第二，优惠。

少花钱或不花钱，大家都喜欢。可是我们用优惠、免费这样的字眼的时候，除了要保证产品确实支持这一点，还要小心那些专门寻找优惠的人，如专门刷酒店优惠积分去倒卖的，这些人不但对文案内容没有兴趣，还可能给酒店带来不必要的损失。

第三，因为。

“因为”的潜台词是，这里有比较好理解、合情理的因果关系。美国亚利桑那州立大学罗伯特·席尔迪尼（Robert Cialdini）在畅销书《影响力：让人乖乖听话的说服术》中提到一个实验：他请求复印文件的人暂停，让自己插队，虽然他插队的理由完全站不住脚，例如，“不好意思，我有五页纸，因为我要去复印，可不可以先让我用复印机呢？”但居然有 93% 的人同意让他先复印。

第四，立刻。

当人们的预期立刻会有回报时，大脑会兴奋，这就是人们倾向于即时满足（instant gratification）的心理现象。刷抖音短视频就是获得即时满足的好例子。

第五，新。

新鲜的感觉会刺激大脑的奖励机制，让人们产生好奇，想要探究更多。

动情词还有很多衍生版本，有些可能还没有研究支持，但是，根据以上有实证的例子，我们可以总结出一个道理：**与读者的身份和利益切身相关的用词，更有可能引起他们的注意。**

2. 发掘事物之间的戏剧冲突

写文案的时候，我们可以用代入角色的方法。至于发展内容，同样可以借鉴戏剧中发展故事的方法，如运用戏剧冲突。

戏剧冲突是指主题和内容情节中，有相对的力量冲突。在文案写作上，我们可以把戏剧冲突简单归纳为三类：**人与自身的冲突、人与社会的冲突、人与自然的冲突。**

人与自身的冲突，可能体现在对身心条件的不满上，如觉得自己太胖、太矮了；人与社会的冲突，可能体现在对社会成功的标准的不认同上；人与自然的冲突，则可能是面对大自然力量时产生的恐惧，还有无法改变生老病死规律的无奈，等等。

有一个说法是，无冲突无戏剧。冲突是一个精彩、动人的故事的起点，也是人的意志和对生活构成限制的元素之间的角力，冲突让人不甘维持现状，所以会产生各种需求和情绪。按常理面对冲突，只会带来正常的、预期之内的结果，如果有反常理的主张，还可以给人带来比常理更好的、崭新的结果的话，那当然会引起人们的关注。

我们以讲述年轻人在面对与社会成功标准冲突时，采取不同心态的两个视频广告文案为例。

视频 1（https://www.bilibili.com/video/av11284291?from=search&seid=1221425926714122673）：

今天也继续跑着，每个人都是跑者，
时钟无法暂停，时间往前不停流逝，
这是一场不能回头的马拉松比赛。
边跟对手竞争着，边在时间洪流这条直路上跑着，
想比别人跑得更快，相信前方有美好未来，
相信一定有终点，人生是一场马拉松。
但真是如此吗？人生就是这回事吗？

不对！人生不是一场马拉松。
这比赛谁定的？终点谁定的？
该跑去哪才好？该往哪边跑才对？
有属于自己的路。
自己的路？真的有吗？
我不知道。
我们还没看过的世界，大到无法想象。
没错，偏离正轨吧！
烦恼着，苦恼着，一直跑到最后。
失败又怎样，绕点路也没差，
也不用跟人比，路不止一条，终点不止一个。
有多少人就有多少可能。
人生各自精彩。
谁说人生是一场马拉松的？

这是日本招聘平台 Recruit 在 2014 年推出的广告——人生不是一场马拉松。文案的前半部分铺陈了所谓正确的价值观，看起来没什么问题，可是也不会让人兴奋。后半段，在读者可以理解的前提下，提出了反常理但有道理的主张，调动读者的情绪。最后出现的 Recruit 招聘平台，可以让读者通过它找到其他的工作，实实在在地支持读者走上其他的路，逻辑缜密，一气呵成。

视频 2（https://v.qq.com/x/page/e0874ptulkb.html）：

你不必改变自己。
不必相信一万小时定律，不必读成功学，
不必加入高管群，不必成为第二个什么人。
你不必听狭隘女权主义者的杂音，
不必理会那些只要求特权，却不尽义务的人。
你不必用睡过多少女孩，来证明魅力。
这不值得炫耀，而且你并不知道是谁睡了谁。
你不必让所有人都开心，
不必每次旅游都要带礼物，
不必一次不落地随份子，
不必在饭桌上辛苦地计算座次。
你不必在过年的时候衣锦还乡，

不必发那么大的红包，

不必开车送每一个人回家。

你不必承担所有责任，

不必为拒绝借钱给朋友而过意不去，

不必为父母的节俭而内疚，

不必向路边的每一个乞讨者伸出援手。

你不必刻意追求什么彼岸和远方，

每一个你想抵达的地方，都有人和你一样想逃离。

你不必在深夜停车之后，在楼下抽支烟再回家。

你不必背负这么多，

你不必“成功”。

这是京东金融 2017 年的广告——你不必成功。写作的角度是劝读者从社会成见中撤离，而“撤离”这种相对消极的态度，也是可以触动人心的。很多人表示这篇文案说出了他们的心里话，但又好像缺了点什么。

这篇文案实际上可以用一句简短的话概括：你不必改变自己，

不必承担那么多。

长长的篇幅，一直停留在这一句的层次，没有探索到情感的更深处，也没有反转或提出新颖的方案。最后在和品牌连接时，也只有一句话：你的坚持，我的支持。

人们会觉得从社会标准中撤离是一种坚持吗？人们会认可因为有钱可借，所以可以撤离这个观点吗？大概未必。

所以，大家要注意三点：

第一，思考冲突之间各种可能的切入角度。例如，京东金融说你不必成功，可是有没有另一种成功呢？如果有，具体是怎样的呢？京东金融可以在里面扮演什么具有说服力的角色呢？

第二，注意冲突带来的情绪，是不是与你要写的主题有合适的关联。如 999 皮炎平曾经要跨界推出口红，无论品牌方想制造什么冲突，你会涂这种口红吗？心里不会觉得别扭吗？这个想法会带来情绪，但并不合适。

第三，冲突不是结束，还要思考前戏和后戏，从整体上照顾读者的情感起伏。是让文案突然终止，还是缓缓地让读者的心落地呢？这主要取决于读者在经历冲突之后，会得出理所当然的答案还是需要我们破题。

刷新常理，而又言之成理就是关键。

3. 语意和语境

在探讨还原真实写作素材的时候，我们聊到语意（主题内容）和语境（与读者身处的时空背景相关的元素）相互影响的关系，而启动读者的情感开关，更离不开两者的配合。

在不同地点、不同时间看同一篇文案，读者的感觉可能完全不一样，而说到与语境密不可分的文案，就不得不提因为蹭时事热点而备受关注的杜蕾斯了。

杜蕾斯全球的品牌标语是 love sex（喜欢性）。如果根据这一点，将杜蕾斯拟人化的话，他可能是对性的一切充满热情又很有研究的人，喜欢把关于性的一切好东西推广给大家，有热情、开放、包容、敢于探索的心态。

当然，由于传播条例的限制及性本身的隐私属性，写作人写的时候既要有自制力，又要让读者可以意会。虽然有足够的空间让写作人发挥，可是也很考验其拿捏分寸的能力。

2010 年，杜蕾斯发布了一篇获得了很多奖项的广告文案：

To all those who use our competitors' products: Happy Father's Day.
（向所有使用我们竞争对手产品的各位说一声：父亲节快乐。）

这是一篇纯粹的文字稿，没有任何辅助的画面线索，为什么会获得那么多肯定呢？原因是：

第一，文案配合投放时的语境，还有反转。一本正经地说反话，绕了圈却又让人不难领会，蹭热点也蹭得幽默、有格调，让人会心一笑的同时，转发也不会担心没面子。

第二，即使不在父亲节看，文案语意也是很完整的，随时看都有趣味性，方便更长时间地传播，增加影响力。

第三，看完文案，人们会立刻想到产品功能，即杜蕾斯是用来解决孩子的问题的。

第四，非常符合杜蕾斯的定位。有了孩子就不能那么方便地享受性，暗指竞争对手的产品未必够安全。

杜蕾斯中国公司也发布过父亲节海报，其中一张是熊孩子搞破坏的画面，上面写着“爸爸节日快乐”，以及英文标题 Happy Father’s Day。可是这个版本就没有原版那么简洁有力：孩子一般会不会这样写是个疑问，而且在父亲节以外的时间看，这张海报可能还会显得平平无奇。

再以杜蕾斯中国公司另外两种类型的海报为例：

第一种类型是没有体现品牌和产品角色的海报。例如，为了配合奥特曼电影的一张海报的文案写着“守护地球，不懈奋战”。画面是在城市里面，有一个大的方形盒子，上面有杜蕾斯的logo和奥特曼身体的红白条纹，然而，守护地球和杜蕾斯有什么关系呢？

又如一张教人如何接吻的海报，画面中有两个正方体和粉橘色的背景，文案是“纯爱式青涩之吻，蜻蜓点水间轻轻触碰双唇，舌尖初露，见好就收”。这张海报既没有接吻的画面，也没有示范，甚至和热点的联结也比较弱。如果你是一个喜欢性（love sex）的人，看到这张海报会不会有种隔靴搔痒的感觉？这更像文艺青年企图美化接吻的意境，可是这种人通常爱说不爱做，而且从文案中也看不到它想要带出什么意在言外的信息。

第二种类型是关于产品功能的。下面这两张海报的画面都是女性按摩器产品照和男优金手指手势的并列呈现。

第一张是蹭当时人工智能打败人类围棋手事件的热点，标题是“VS！！其实人类早就输给机器了！！！”。第二张是新年稿，文案写的是“辞旧，迎新，2017”。

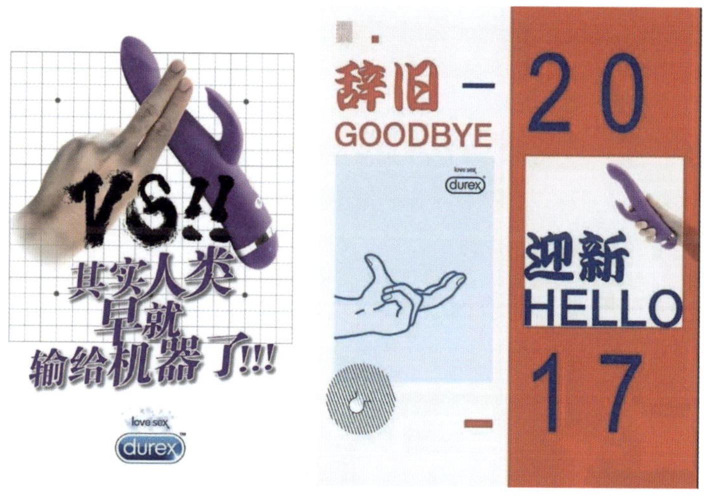

两张海报同样是点到即止，都想表达产品是比人手更好的新选择。问题是，懂得金手指但感觉还不够的女生，她们一定不是“小白”，需要足够内行和实在的事实来使她们另眼相看，哪怕是针对这方面的暗示也好。文案仅仅说产品好不好就太浅薄了。如果想吸引不懂的女生，那么文案说哪个更好，人家就更不懂了，因为她们对金手指这个对比物本来就没有感觉。如果要吸引想尝试新鲜性爱方式的男生，文案也没有提供一个能让女伴接受以产品取代真人的有力理由。

这是典型的为了追求特定语境却忽略语意的例子，在数字化和社交传播中非常常见，也曾经为杜蕾斯带来过公关灾难。

2019 年，杜蕾斯生硬地创造了一个所谓的节日，叫作“419 不眠夜”，取自英文“for one night（一夜情）”的谐音。虽然现实生活中的“一夜情”也有调情之意，但杜蕾斯居然写了“今夜，一滴都不许剩”“今夜，喂饱每一张嘴”“今夜，钻进那片秘密角落”等文案，人们不禁怀疑原来杜蕾斯对性的认识只停留在单纯的肉体层面，还天真地以为连招呼都不用打，就可以要求多多或逞威风。

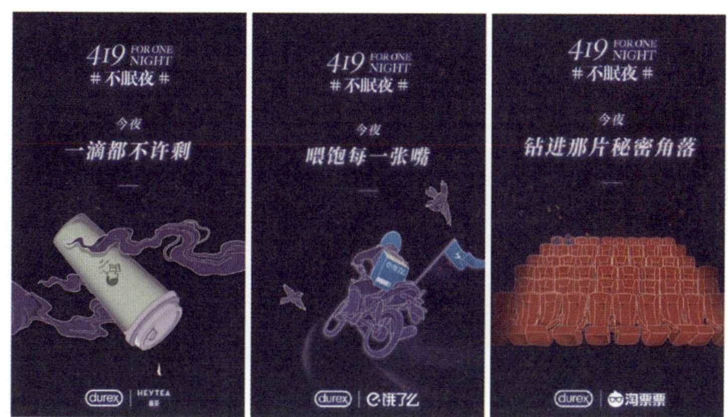

平心而论，在杜蕾斯中国公司曾经的众多文案中，有很多都看得出来是写作人绞尽脑汁写的，有的热点蹭得精彩，有的写作技巧高超，我们不能否认这些事实，毕竟这些让看的观众开心、赞叹、刷屏的文案肯定有值得参考的地方。

杜蕾斯真正的问题，不是写作人没有尽力去写，或是没有创新、有趣的作品，而是为了赶上时间、蹭上热点语境，没有时间深思熟虑，导致传播的整体方向随着时间的流逝而显得摇摆不定，这也为它的对手们留下了很大的追赶空间。

2019 年夏天，深圳地铁站有个系列广告，因为乘客觉得不适合而被撤了下来。

在这个广告画面中，我们看不到半句文案，只有 001、002、003 三个数字，为什么乘客会有强烈的意见呢？

因为这三个数字和字体，与冈本安全套产品包装上的一样。不过从广告内容来看，也只是数字而已，插画还很唯美，没半点色情暗示，为什么人们会立刻想到冈本，还认为跟性有关呢？

在宣传力度方面，冈本不可能与杜蕾斯相比，唯一的解释是，冈本的品牌和产品已经深入人心。这么多年以来，冈本一直在宣传产品很薄，信息简单、一致，产品包装也凸显了同样的特点，只要一点相关的线索，特别是代表厚薄的重点数字符号出现，人们立刻就知道是那家以产品薄来“助性”的公司。那么杜蕾斯的特点是什么呢？大概很少有人能说出来。

当然，杜蕾斯是全球销量冠军，在渠道和资源方面都比较有优势，因此在中国占据销量榜首并不奇怪。但冈本则稳稳地占在第二位，一直在追赶杜蕾斯，甚至中国游客去日本旅游时，也经常去买冈本日本版的产品，可是你听过中国人在国外抢购杜蕾斯吗？没听过吧。

如果说杜蕾斯注意的是时机和新营销手段，那么冈本就是坚持做好品牌和产品传播的代表。杜蕾斯挑动你的好奇心，冈本却让你安心、放心。文案要配合语境，也要有符合写作角色的语意，从而保留这个角色的独到之处。随波逐流的话，难免事倍功半。

4. 搞笑容易，深情难得

幽默、“自黑”、搞怪都会惹人注意，可是人有七情六欲，那些不常有的情感打开人们心防的力量会更大。

对于搞笑和深情，作家马尔科姆·格拉德威尔有这样的思考：“让人笑对我们来说是很容易做到的。我们花很多资源让人笑，经常笑……至于诱发观众忧伤的感觉，就完全不一样。打开一扇心窗，发现最真实的自己或他人的时候，你可以打动他们，让他们哭，留下难忘的印象。这是神奇、有力量又非常困难的工作。忧伤是原始、真实的情绪，所以必须保持真实。不要夸大，不要搞得像肥皂剧，如果他们真的心痛了，自己会做出所有的表达。不需要你夸张地描述，不要太用力。如果他们被人操控的话，他们会知道的。”

这也解释了为什么那么多宣言式的广告，还有那些企图触动人们心底忧伤、深情的文案，经常以失败收场。如京东金融“你不必成功”的广告，就是流于形式，让人觉得太用力，不够真实，也不够深入。

前文提过即时满足对人们情感的影响，相对地，也有延迟满足（delayed gratification）的心理现象，意思是如果人们愿意放弃眼前的比较容易得到的小满足，延迟的满足将会带来更巨大、更持久的效果。这就像忧伤、深情，不是一下就有的，需要被一步一步诱发出来。创作的时候，写作人要有意识地渐次提高情感的高度和浓度，避免操之过急，也要让读者意识到后面有更深入的内容，想要看下去，愿意跟你走到那个真实的情感触发点。

09

营造鲜活的画面与想象

1. 用具体语言绘制画面

2010 年，心理学家约基姆·汉森（Jochim Hansen）和迈克拉·万可（Michaela Wänke）的研究发现：描述具体而鲜明的内容会让读者觉得更真实，只要包括更多原始事实和细节，哪怕故事的整体逻辑根本站不住脚，读者也会觉得比较合理。

汉森和万可在实验中请读者比较两句话：

· 汉堡是欧洲桥梁数量的纪录保持者。（Hamburg is the European record holder concerning the number of bridges.）

· 在汉堡数桥梁，可以得到欧洲最多的数量。（In Hamburg, one can count the highest number of bridges in Europe.）

虽然这两句话的意思差不多，可是读者认为第二句更真实，因为第二句有一个简单、具体、落地的描述——数桥梁的数量（count the highest number of bridges）。

汉森和万可对此给出了三个解释：

第一，大脑处理具体语句的速度更快。我们会自动把快速、简单、真实这三种特质紧密地联系起来，做出判断。

第二，具体的内容让我们更容易形成心理图像。

第三，一件事越具体，就越容易引起关联回忆，越让人感觉真实。例如，如果要让消费者花比一般石英表多很多倍的钱买一只奢华机械腕表，作为曾经长期服务劳力士的文案写作人，我可以负责任地告诉你，那是非常不容易的工作。如果这个品牌没有劳力士、百达翡丽那样的地位，又不像天梭、浪琴那样价格亲民的话，就更难了。如果是一个人们不认识的，产品价格接近劳力士，又不是瑞士表的新品牌，绝对是难上加难。

2017 年，日本的精工表把本来只在日本小批量发售的冠蓝狮（Grand Seiko）系列变成独立品牌，推向海外市场。但是因为只是少数冠蓝狮款式才有创新的 Spring Drive 混合机芯和采用特殊工艺的表盘，所以，写作人在沟通产品通用特色的时候，表盘和表带的打磨工艺就成了明显的选择。

可是，所有价格在人民币 1 万元以上的腕表品牌，其产品的打磨工艺都是有一定水准的，那么想要立刻与其他品牌形成差异，还要让人动心。这要怎么说呢？

名表杂志《时间观念》台湾编辑部的总编辑“郭大”郭峻彰老师曾经访问过一位冠蓝狮的店铺经理。那位经理拿着钢表，边摸着表圈和表带，边跟郭老师说：

“这就是所谓的平式砂轮研磨法，透过这个打磨过的表盘，你可以看到自己的脸，像照镜子一样完整，而一般的打磨会使你的脸像照哈哈镜一样变形。为什么？因为这是经过数十道工序不断地打磨，从最粗的砂纸一直磨到最细的，就像我们写毛笔字的宣纸打出来的灰泽。手慢慢地触碰这些关节连接的地方，有没有一种很奇妙的触感——绵密？用绵密来形容不锈钢很奇怪，它好像是形容冰激凌的，但是这款表给人的感觉就是很绵密，这种感觉如人饮水，冷暖自知，很难用语言去形容，最好的方式就是自己带一只回去，因为店里的手表在试戴时一定要包膜，你体会不到那种绵密的感觉，唯有带回家，早也戴，晚也戴，你慢慢就知道什么叫绵密了。戴上后不是金属冰凉的感觉，你会感受到匠人制表的温度。”

这是一位店铺经理临场说出来的，不是专业写作人写的。即使是我这种比较懂表，也会买表、玩表，知道常见销售手段的人，听完经理的这一番话，都想立刻买一只冠蓝狮带回家，享受那神奇的绵密。

这位经理把本来冷冰无情的金属研磨工序，全部化成了不需要你猜，就可以立刻出现画面的具体语言，不着痕迹，却有严密的组织，把你的情绪有序提升。新鲜感、兴奋感都有了之后，他还为购买行为设计了理所当然的理由，真实、好懂、专业、动人，一步步攻破你的心理防线，这种话术也真的可以称为“绵密”了。

2. 以小见大的魅力

冠蓝狮的经理之所以厉害，还因为他用了以小见大的手段。这种手段引起的是光环效应（halo effect）这一心理现象，即当人们知道某种事物的一个优缺点之后，会更容易认为其他部分也有同样的特质和水平。

那位经理其实只聊到手表的一小部分，其他部分如表盘的艺术设计、机芯等更重要的方面，一点儿都没说。打磨很好的腕表，也经常会有表盘设计不够漂亮、机芯不够高级的问题，可是听完经理的介绍之后，你肯定会觉得他手上的那只冠蓝狮，甚至可能整个品牌，都是质感极好的，哪怕它是一个新品牌。要发挥光环效应的作用，首先要做到在细节的描绘上可信，又没有刻意卖弄的痕迹。

下面的文案来自某电视广告，一位女生对爸爸煮的一道菜的感想独白（https://www.bilibili.com/video/av53931406?from=search&seid=5545442152066430712）：

我想吃爸做的炒饭
当我发现的时候
我已经哭了出来
爸爸的炒饭
总是在饭上面淋了蛋搅一搅的感觉
感觉乱乱的，却是干干的感觉
自家用的酱汁总是和别人家的不一样
爸爸的炒饭（爸爸：今天是炒饭哦）
总是在妈妈感冒的时候
或是生气跑回娘家的时候
一定会出现的一道料理（爸爸：好吃吗？好吃吗？）
不习惯的料理
不习惯的只有两个人的空间
上高中的时候（爸爸：哦，今天是……女儿：我在外面吃过了）

变成常常在外面吃

能吃炒饭的机会也变少了

结婚典礼的前三天

我想吃爸做的炒饭（爸爸：好吃吗？）

虽然那个时候我说不出口（女儿：好吃，还有，爸爸，谢谢你……）

[旁白：只有吃饭的次数，才能变成一家人。（意思是仅仅因为吃饭，就已经联结了一家人。）]

这篇文案来自东京燃气公司的经典广告——爸爸的炒饭。文案围绕着爸爸做炒饭这一个小的节点做了细腻的描述，不用任何煽情的形容词，就已经衬托出爸爸完整的慈爱的形象。这也提醒了我们，少即是多。

从冠蓝狮和东京燃气两个案例中，我们可以看到利用情感、以小见大的力量。从完全理性的角度出发，不带感情，也可以做到这一点。

我们对比以下两组句子：

第一组：我们的操作系统，非常稳定、可靠。我们的顾客，相当喜欢我们。我们的售后团队，回应十分快速。

第二组：我们的操作系统，正常运行时间为99.999%。我们的顾客，包括56家《财富》世界500强公司。我们的售后团队，会在收到问题后3个小时内回应。

第二组里面把所有带有立场、主观形容的词语，全部换成了没有立场，可以验证的客观数据。说话人的角色，也因此从用力的叫卖者，变成冷静陈述事实的人。我们对刻意的销售行为多少会有抗拒的心理，可是面对数据的时候，我们会认为这可能是科学、不暧昧、有价值的资料，所以更愿意认真对待。那么，文案应该用主观情绪化的断言，还是应该不明确立场，用事实说话呢？关键在于你是在为什么产品而写。

2012 年，美国麻省理工学院的安·克龙罗德（Ann Kronrod）和其研究团队发现，享乐型的产品使用主观断言更有效果。如冠蓝狮所代表的奢华腕表，或者常常说着“Just do it”的耐克，都属于为消费者带来愉悦心情比其工具属性重要的产品，即所谓的享乐型的产品。手表的时间是不是真的差那么一两秒，衣服是不是真的可以帮你多排百分之一的汗水，对消费者的购买决定其实没有那么大的影响，而质感和美感可能更重要。

克龙罗德及其团队进一步指出，当人们高兴的时候，他们会变得比较主观，觉得其他人也该这样，所以这时候读者对主观断言消化的速度会更快，也更容易认同。反过来说，如果是工具属性和服务属性强、对精准要求度高的产品，使用大量主观断言，就可能会让人觉得不够可靠了。

3. 运用多元化用词

以前，我们说一个人很厉害、很强，会有很多形容词，如厉害、卓越、非凡、惊人、能干、强悍、强横、犀利、威猛、霸气、优异、出类拔萃、深藏不露、所向披靡、超群绝伦、卓尔不群……每个词语之间都有些许的差异，通过不同词语的搭配，会让一个人的形象生动立体地呈现出来，还可以跟其他人有明显区分。

但是现在，很多人都会统一称之为“牛 B”“牛人”等。“牛 B”本来只是吹牛皮的意思，经过人们借代和谐音转化，变成了厉害的代名词。问题是，这种讲求“声量”的风格横行，其他描述精确和多变的风格受到冷落，本来多元化的声音有单一化的趋势。

另一个问题是，“牛 B”来自一句脏话，从发音中就可以感受到其粗犷的意味，这是无法改变的，而实际应用这类词语，难免会让角色形象沾上粗犷、市井的色彩。试想一下，如果冠蓝狮、劳力士，甚至 Apple Watch 用“牛 B”来形容自己，你会怎么看它们？连 G-Shock 这种售价相宜的亲民品牌，都懂得说“不被侵蚀，做自己”，所以真正“牛”的品牌，从来不会因为流行就不经思考地跟风。

用词单一化还有一个更重要的问题，降低读者的好感和传播效果。2002 年，美国南密西西比大学传播研究学院的劳伦斯·霍斯曼（Lawrence Hosman）总结了过去二十多年关于词汇用量的传播的研究，指出读者更喜欢用词多元化的内容，因为这样的内容会给人丰富、有趣的感觉。研究还显示，读者认为用词多元化的人，其能力和社会、经济地位更高，说出来的话也更有效力。即使在现实中的两个同样地位的人，人们也会比较喜欢用词多元化的那个。

说到高级、精致的发言，就不得不提英国女王伊丽莎白二世了。

英国女王每年圣诞节致辞的地位，学英语的同学大概都知道，她的用词多元又微妙，内容浅白又典雅，连发音都庄重、优美。

这里节选了女王 2018 年献词的一小段，主题是她对年纪渐长的感悟：

有些文化相信长寿带来智慧。我也同意这一点。也许那种智慧的其中一点，是明白人生之中一些莫名其妙的矛盾，如人类有做好事的巨大喜好，也会有一点儿作恶的念头。就算是信仰，常常有触发慷慨奉献和自我牺牲的力量，也可以被原始罪恶所害。可是这些年我看过了那么多转变，信仰、家庭和友谊对我始终不变，那更是一个慰藉和信念的来源。

（Some cultures believe a long life brings wisdom. I’d like to think so. Perhaps part of that wisdom is to recognize some of life’s baffling paradoxes, such as the way human beings have a huge propensity for good and yet a capacity for evil. Even the power of faith, which frequently inspires great generosity and self-sacrifice can fall victim to tribalism. But through the many changes I have seen over the years, faith, family and friendship have been not only a constant for me, but a source of personal comfort and reassurance.)

这一小段的原文只有 92 个英文单词，但出现了“莫名其妙的矛盾（life’s baffling paradoxes）”“做好事的巨大喜好（huge propensity for good）”“一点儿作恶的念头（a capacity for evil）”“触发慷慨奉献和自我牺牲（inspires great generosity and self-sacrifice）”“被原始罪恶所害（fall victim to tribalism）”“一个慰藉和信念的来源（a source of personal comfort and reassurance）”……

感觉高级的文案和感觉高级的产品一样，每个细节都好像有生命力，有匠人的手温，不会给单调和机械化的重复任何机会。用词多元化并不是奢华和高端产品的专属，几十年前的香港茶餐厅，就已经懂得利用多元化用词在菜单上做文章，促进顾客消费了。

例如：早餐，写成“醒晨早餐”，让你精神一振的意思；咖啡，写成“香浓咖啡”；奶茶，写成“香滑奶茶”；煎蛋，写成“西煎双蛋”，让你感觉是下功夫效仿西方人的煎法；三明治，写成“营养三文治”。一份二三十元的早餐，把精神、香滑、洋气、营养等种种享受全包括了，想想都觉得物超所值。

美国针对消费者行为的研究发现，用多元词语描述的菜品，比普通菜品的销量高 27%。顾客也认为，描述全面的菜品会让人觉得更美味，也就是说，西煎双蛋比煎双蛋感觉更好吃。

我们运用多元化的用词，要从符合事实的不同角度着手研究。以蒜蓉肉酱意面为例：

强化味道的感觉——蒜香润滑肉酱意面；

点出食材的品质——有机蒜泥、谷饲猪肉酱配小麦意面；

点出食谱的灵感来源——奶奶的经典蒜蓉肉酱意面；

点出烹饪的工艺——即磨蒜泥配手剁肉酱拌自家制意面；

使用有异国情调的用词——博洛尼亚蒜泥、托斯卡纳风味辣肉酱配西西里意面。

任何品牌、任何产品、任何角色，可以发掘的内容都不止一面，而同义、近义的词语在中文里也相当多。写作文案的时候，如果感觉词穷，试想一下是不是因为还没有把主题理解透彻，也可以寻求汉语工具书如辞典的帮助，想办法提高你的词汇量和语言能力。

4. 用符号让概念落地

有时候，我们要写的主题实在没有好故事可挖掘，又不能利用烟火气十足、读者已经知道的事物以明确的比喻来落地，如政府要推广环保理念、支持高新技术发展，或者企业想推行企业文化、社会公益等高度概念化的内容。

2002 年，美国的普拉迪普·索普利（Pradeep Sopory）及其研究团队综合多年的研究报告指出，利用符号做隐喻，可以为读者提供一个具体的心理形象，有效提升信息的影响力和说服力，更重要的是能够让读者明白。

例如，政府有一句向民众推广环保理念的口号：绿水青山就是金山银山。金山银山在现实中并不存在，可是形象具体，指向清晰，和绿水青山结合起来，也有合理的因果关系。因此易懂，有吸引力。

利用符号做隐喻的时候，要注意让人们能联想到具体的形象的同时，也知道你写的只是符号，而不是现实存在的具体事物。如果把刚才的口号改成“有了绿水青山，你就会得到金山银山”，反而会因为太实在而变得不符合现实，连读者的想象空间也被扼杀掉了。所以，不要画蛇添足。

10

说服读者的理性

1. 像个销售员及产品经理

广告教父大卫·奥格威（David Ogilvy）有一句名言——We sell or else（我们要推销成功，不然什么都不是）。虽然文案是为了触动读者、争取支持，可是如果能使他们产生购买行动当然更好。写作人很多不是商科专业出身，也不一定有从商经验，听到要卖东西，常常以为是沿街叫卖，觉得没有格调、没有创意，甚至委屈，这是对销售知之甚少造成的。

曾经有两个人创造过世界瞩目的销售业绩。第一位来自苹果公司，他的名字是史蒂夫·乔布斯。1997 年，在著名的"Think Different（非同凡响）"广告推出的时候，乔布斯发表了演讲，分享了他的营销理念：

"对我来说，市场营销是推广价值。这个世界很复杂，也很嘈杂。

我们没有让人记得我们很多信息的机会。没有企业做得到。所以，我们要很清楚想要顾客知道什么……我们不要说机器的速度和成本，不要说 MIPS（单字长定点指令平均执行速度）或者芯片频率，不要说为什么我们比 Windows 好……有史以来最好的营销案例是耐克的。耐克是卖货的，他们卖鞋。可当你想到耐克，会感觉他们跟一般卖鞋的不一样。他们的广告从来不会说产品，不会说气垫怎样，也不会说他们的气垫为什么比锐步（Reebok）的好。那么，耐克怎么做广告？他们赞颂伟大的运动员和运动精神。这就是他们，这就是他们存在的意义。”

还有一位是乔·吉拉德（Joe Girard）。1973 年，他卖出了 1425 辆雪佛兰汽车，平均每天卖出 4 辆，创造了年度车辆销售的世界纪录。提到成功的秘诀，他说：“我不过是一个提供合理的价格和人们喜欢找的人而已。”原来，世上最好的销售员，首先做的也是塑造一个消费者喜欢的角色。

在中国，英语老师出身的罗永浩，也凭着演讲技巧得到了很多人的支持。2016 年，他在腾讯视频节目《搜神记》中向主持人冯唐归纳自己演讲的十个主张：有数据、会吹牛、开玩笑、讲故事、有画面、提问题、用三段式、有境界、讲逻辑、有情感。

问题是，他说的这些是不是都对呢？

罗永浩以理想主义创业者标榜自己，明显借鉴了乔布斯和 Think Different 的精神。当然，有很多人因为罗永浩的话买了锤子手机，可现实是，锤子手机的销量和口碑远不如小米、华为、vivo、OPPO 等品牌，还闹出停产和退出、转行的新闻，为什么呢？

其中有三个问题：

第一，产品落地体验支撑不了罗永浩说的境界。

在演讲中，罗永浩常说锤子手机获得国际设计奖，十分讲究硬件配置和功能设计。可实际上，锤子手机经常出现故障，就算最忠实的“锤子粉”，也经不起一次次的“打脸”和失望。罗永浩和乔布斯一样，都说产品有极致体验。苹果用的是自家的 iOS 系统，竞争对手根本无法使用，无法比较，可是锤子手机无论怎么做，依然是用安卓系统，操作系统带来的制约更多，不可避免地与众多竞争对手存在很多共性，必须付出更多努力才可以做到差异化。

第二，文案选词不如苹果谨慎。

罗永浩说过，锤子手机是“东半球最好用的手机”，可是乔布斯的口头禅是“magic”，神奇的使用体验。“东半球最好用”，必须有很强的资料或口碑支持，作为新品牌的锤子，自然不会有。“magic”，则只要用户自己认为感觉跟其他手机很不一样，或者比以前用的手机更好，就可以说得通，而苹果独家的 iOS 系统和持续更新确保了这样的说法可以一直得到支持。

第三，曝光过度，而曝光形象又不一致，损害身份角色。

锤子品牌是罗永浩代言的，是他性格的化身，所以罗永浩必须小心控制他在公众面前曝光的行为，避免“人设”崩塌或出现矛盾，导致读者产生疑惑，甚至失去对他的信任。相比之下，小米品牌的创始人雷军并没有沉迷在曝光之中，反而慢慢淡出大众视野，直到小米品牌可以自己站在台前。罗永浩不断追求高曝光量，却没有保持曝光时的形象一致性，再加上一次次被“打脸”的言论，用行动支持他的理想的人就越来越少了。

假设你已经有了一个消费者喜欢的角色，接下来就要进入与产品相关的写作部分。卖货大王乔布斯是怎么做的呢？

在初代 iPhone 发布会上，乔布斯要当场把没人了解的新手机清楚地介绍给观众，还要当场就赢得认可，这个任务绝不容易。他的其中一段演讲是这样的：

他们说，最先进的手机叫智能手机。呃，他们一般是把手机加上电子邮件功能，还有他们说的互联网。那实在像将婴儿版的互联网放到一

部装置上，而且这种手机都有个小塑料键盘。

问题是，这不怎么智能，也不怎么易用。如果用一个商学院用的图表来表示，有一条代表智能的轴线，还有一条代表容易使用程度的轴线，电话，也就是一般手机，会在这个位置，不大智能，而且你知道，也不大易用。嗯……当然智能手机肯定会多一点点智慧，但事实上是更难用。那是真的复杂。就算要搞懂最基本的功能怎么用都很困难。

我们不想做这里面的任何一种手机。我们想做的，是超越性的产品，比任何大家看过的移动装置都智能，而且很易用。这就是 iPhone。OK？所以，我们要重新发明电话了。

（The most advanced phones are called smart phones. So they say. And uh they typically combine a phone plus some e-mail capability, plus they say it’s the Internet. It’s sort of the baby Internet, into one device, and they all have these plastic little keyboards on them. And the problem is that they’re not so smart and they're not so easy to use, so if you kinda make a Business School 101 graph of the smart axis and the easy-to-use axis, phones, regular cell phones are kinda right there, they're not so smart, and they're – you know – not so easy to use. But smart phones are definitely a little smarter, but they actually are harder to use. They're really complicated. Just for the basic stuff a hard time figuring out how to use them. Well, we don't wanna do either one of these things. What we wanna do is make a leapfrog product that is way smarter than any mobile device has ever been, and super-easy to use. This is what iPhone is. OK? So, we're gonna reinvent the phone.）

就算乔布斯已经拿着 iPhone 这种等级的发明，可是他依然站在消费者的立场，先点出消费者使用上的痛点，耐心培养大家的情绪，然后才用新产品打动他们。最后说重新发明电话也完全没问题，因为 iPhone 真的是前所未有的手机。所以，销售不一定要说得像一般人以为的那样。

再举一个苹果公司的例子。2005 年，苹果公司发现本公司的电脑销量出现了下降，所以在 2006—2009 年推出了经典的 Get a Mac（买部苹果电脑）电视广告系列。

画面是纯白的背景，配上两个人的简单对话。一位穿着轻便休闲装的年轻人，名字就叫 Mac，另一位是穿着老气西装的 PC（个人电脑）。整个系列包括六十多支电视广告，内容全都是拿 PC 的使用问题开玩笑。虽然同样没有硬件数据，但以消费者经历过的 PC 出现的问题来反衬 Mac 的优势，轻松地引起了消费者的共鸣。广告刚播出一个月，苹果就多卖了二十万台电脑，半年后，销量已经增加了 39%。最后，该系列广告还拿下了美国艾菲奖（Effie Awards）的全场大奖。

通过以上案例，我们可以总结出一个道理：**一个好的销售员，首先要有一个让人喜欢的身份，然后要像产品经理一样懂得提炼产品信息，告诉消费者产品具体有什么优点。感性、理性相结合。**

畅销书《销售中的心理学》（*The Psychology of Selling*）的作者博恩·崔西（Brian Tracy）提出了四个阐述产品优点的方向：

第一，专门化。想想你的产品具体可以为消费者做什么。

第二，差异化。你的产品有什么比其他 90% 的同类竞争对手更好的特点。

第三，做区分。找出什么类型的消费者可以获得比其他人更多的好处。

第四，集中说。明确不同信息的重要程度，集中力量在最有潜力的信息上。

世界销售冠军乔·吉拉德也是巧传真实的支持者，他认为说真实的话有两个好处：第一，让你感觉良好；第二，这是赢得他人信任和尊重的唯一途径。你可能会因为礼貌、地位、善心、知识和经验获得尊重，可是只要说一次谎，你的优秀品质就会立刻失效。说话的时候，有四点你应该做到：真实面对自己的感觉；说话之前多思考；想想有没有其他的说法；用友善的态度看待事情。有四点不应该做：不要夸大；不要为别人掩饰；不要求别人帮你掩饰；连善意的小谎言也不要说。

销售员对其所说的话尚且如此讲究，更何况作为写作人的我们呢？

2. 喜好原理

美国亚利桑那州立大学心理学教授罗伯特·席尔迪尼在他的畅销书《影响力：让人乖乖听话的说服术》中探讨了互惠、承诺一致、社会认同、喜好、权威和稀有性六种原理，其中跟文案写作关系较为密切的，除了我们已经探讨过的社会认同之外，还有喜好、权威和稀有性三种原理。

喜好原理的意思是，人们更愿意赞同自己认识和喜欢的人的主张。在实际操作中，我们可以从四个维度应用这个原理：

第一，找外表有吸引力的人来代言。我们经常听人说“颜值即正义”，这不无道理。人会自然地将好看的人与各种优点联系在一起，如善良、诚实、智慧等，但我们产生这些感觉的时候，不会意识到是受外貌的影响。不过，落实到推动读者行动或购买的时候，还要再配合一个条件，即代言人所说的是跟读者相关的。

2017 年，Campaign 中国（海迈广告）引用消费者调查公司 Bomoda 的报告指出，很多明星和 KOL（关键意见领袖）虽然能吸引大家注目，可是商业影响力很低，问题在于这些代言人在社交媒体上发布的内容质量太低。质量低的内容指由粉丝驱动、明星被动回应的内容，或者只有浅薄的标题，没有其他有意义的细节的内容。

果然，有趣的灵魂还是比好看的躯壳更有说服力。

第二，奉承对方。例如，销售员乔·吉拉德每个月都会将印有“我喜欢你”的卡片发给他的每个客户，明星也经常会对粉丝说“你们是我的宝贝”，就算彼此根本不认识。被公认为“直效行销之父”的莱斯特·伟门（Lester Wunderman）也曾经指出，要跟消费者建立让他们一直满意的关系。奉承之所以有效果，是因为每个人都会有不安、不自在的时候，而奉承就像一颗糖，人吃了之后心情会变好，也会容易喜欢和相信给他们糖的人。

相信大家应该都听过自然堂的“你本来就很美”这句文案，2017 年，他们推出了一支易烊千玺出演的广告短片，口白是这样的：

早上好啊
昨晚有用自然堂水光面膜吗
每次你一用这个面膜
肌肤就好像去度了个假
你想我了吗
其实
你本来就很美

如果你是对自己的外表有点不自信的女生，会不会感觉甜甜的呢？虽然易烊千玺并不认识你，也没看到你，只是对着镜头说了这些话，甚至第二句就问你有没有用面膜。如果平常有人这样问你，哪怕是男朋友问你，你都会觉得奇怪，甚至感到被冒犯了吧。可是当一位帅气的男士这样说，而且紧接着还逗你“你想我了吗”，再拍一个“你本来就很美”的马屁，这时候，逻辑似乎也就没那么重要了。

第三，找出读者认同的社群身份。我们遇到观点、个性和背景与自己相似的人，总会感到亲切、有好感。2019 年，知乎推出了一个受到大家注目和赞赏的品牌视频，口白是这样的：

没有谁的一天
会过得毫无问题
我们问自己，问别人
……
正是这些问题让每件事变得有意思
……
因为问题，我们发现潜藏的乐趣

找到心中的热爱
看清真实的自己和更多可能的自己
也看清表面之下的世界
你也是有问题的人吗
懂得很多，也有很多不懂
用问题刷新世界
再用回答刷新世界观
当我们走到一起
分享彼此的知识、经验和见解
问题，就不再是问题
我们都是有问题的人
有问题，上知乎

这是一个思路清晰的好文案，有情感递进，长度也合适，其中“我们都是有问题的人”更是说出了一般人都觉得自己有不足之处的心声，突出了知乎是问问题和获得答案的社区的特点。

第四，与人们向往的形象建立关联。与靠颜值不一样的是，这个维度是指串联内在特质，如利用代言人做过的事、已有的形象让产品沾光。劳力士是这方面的先行者。1927 年，梅塞迪丝 · 吉莉丝（Mercedes Gleitze）成为第一位成功游泳横渡英吉利海峡的英国女性，她当时佩戴了劳力士蚝式腕表。当吉莉丝完成了这项壮举之后，劳力士立刻投入大手笔，在《每日邮报》（*Daily Mail*）

首页刊登了她的代言广告，从此，劳力士成了高品质、耐用、精确和创造卓越的代名词。

国内也有这样的例子。“用实力让情怀落地”——这是Jeep在2015年为全新大切诺基推出的广告标语，代言人是王石、刘强东和谢霆锋。这三位代言人都给人一种有理想、有成就的感觉，虽然Jeep是越野车品牌，之前人们也没有听说过这三个人喜欢开越野车，可是销售依然很火爆。可惜的是，Jeep因为产品不断出问题，没有足够的实力让更多的人的情怀落地，后来销量急跌，当时的好文案也浪费了。

3. 权威原理

权威原理指的是，当我们面对感觉比自己懂得更多、地位更高的人的时候，会更愿意听从他们所说的，因为这种人通常会带来有价值的建议，哪怕他们可能跟你毫无关系，甚至在专业水平和能力上也很可疑。日化、美妆、健康和带有医疗属性的产品品牌经常会用到这种方法。

高露洁牙膏曾在香港投放了一个 15 秒的电视广告，故事很简单，就是几位穿着医护制服的人员，在放着医疗用具的牙科诊所内，一人一句说出下面的口白：

> 针对我的敏感牙齿，
>
> 我会继续用高露洁抗敏专家牙膏，
>
> 因为它真正舒缓敏感酸痛。
>
> （旁白：敏感牙齿牙医试用后，92% 会继续使用。）
>
> 自己在用，才会推荐！

问题是，这些穿着制服向观众推荐的人并非医护人员。因为法律要求，画面左下角也标注了明显的“广告演员并非专业牙医”的提示。

虽然说话的人只是广告演员，但他们都穿着正式的制服，广告里的场景也与真正的牙科诊所没有差别，短短 15 秒的时间，一般人没有足够的精力去判断真假，于是权威原理依然会生效。如果大家都非常警觉，知道这些不过是与牙科专业没有半点关系的人说的，广告主可能就会考虑使用其他方法了。

由此可见，权威原理能够成立，不仅是因为出来说话的人让人感觉很厉害，更是因为我们对某个领域的认知不足，所以就算只是穿着和语言像权威者，或者一个听起来很权威的头衔，就已经有说服的力量了。

拿出让人感觉权威的数据同样有效。我以前服务于美妆和快消品牌的时候注意到，在港澳台地区有一句话是促进销售的利器——日本销量 No.1（第一）。日本人虽然不是专家，可是很多人对日本人的审美非常肯定，其地位甚至可以媲美美妆类的 KOL。如果某个产品在日本销量是第一名的话，那简直就有种终极之选、不用再看其他同类产品了的感觉，虽然这个数据可能不过是在某个年龄层或某种细分品类中的第一。

写作人可以尝试从产品特色、数据和应用人群中挖掘资料，哪怕只有一个数据，也可能帮你加强文案的说服力。

4. 稀缺原理

物以稀为贵，这至少在人的观感方面是成立的。我们经常会看到“再不买就没有了”“限量发售”之类的文案，为什么这种老套路总是有效呢？

第一，少让人感觉更珍贵。少，又分为绝对数量的少与相对数量的少。黄金和天然钻石属于绝对数量少的产品，供应量有限，普通人无法开采，所以可以长期维持稀缺感，实际供货也不会失控。

前文提到的戴比尔斯就是利用稀缺原理的高手，他们不但控制钻石产量，还赋予钻石普世的爱情价值，使其成为确定婚姻关系的必备品，是把物理稀缺和心理稀缺结合起来的好例子。

另一位高手是腕表品牌百达翡丽，那句经典的文案：“你永远不会真正拥有百达翡丽。你不过是为下一代保管而已。（You never actually own a Patek Philippe. You merely look after it for the next generation.）”百达翡丽的产品供应量稀少，又从情感上联结了人们对“永垂不朽，被后人铭记”的渴求，通过买表这种物质行为，让消费者觉得终于找到了一种传承后代的方式，自然难以抗拒。这也体现了一个心理现象：对于拥有不了，甚至被禁止的东西，人们会觉得更有价值。

另外是相对数量的稀缺。我们经常穿棉制的衣服，而优衣库这几年大力推广用美国比马棉（Supima）制作的衣服，号称这种棉花只占世界上棉花总产量的5%。虽然一般人不太能够分辨普通棉花和比马棉的差别，大概也没有多少人会去考证比马棉是怎么种植的，甚至为什么优衣库的相关产品供应能够源源不断，只因为优衣库给了人们一个具体的理由——这种棉花占世界上棉花总产量的5%，就让人感觉比马棉好像真的是相对稀少和优质的，所以可以卖得贵、卖得好。

第二，错失机会会减少我们自由的感觉。我们经常听到品牌说产能不足、限量供应、限时优惠，或者推出限量版本。虽然这实际上是为消费者提供了更多消费选项、更多自由，但反过来说，这也在告诉他们多出来的选择和自由短期内就会消失。而实际上我们都知道，消失之后也不过就是回到原来那么多而已。

1966 年，美国心理学家杰克·布雷姆（Jack Brehm）提出了心理抵抗理论（Psychological Reactance Theory），他指出，选择自由消失或程度降低的话，人会有强烈的反应：

首先，选择的自由对一个人越重要，被拿走的时候他的反应会越大。一些我们已经享有的东西，平时我们可能未必会注意，但当它们被剥夺，变成不可以再随时享有的稀缺品的时候，这些东西带来的心理价值就会急剧上升。如中餐，在中国，消费者简直有无数种选择，但如果我们要去相对偏远一点儿的国家，可能连稍微有一点儿中式感觉的餐点都没有了。巨大的选择落差会造成人们巨大的反应，出发前在行李箱塞满平常可能连看都不看的中式口味方便面就是一种常见的应对措施。有时候，文案也可以利用欲擒故纵或者减少供应的提示来刺激人们这种渴求的心理，如产品原材料不足或产品需要更改配方，然后推出最后的限量版，推动销售，而本来的商业目的其实是要清库存。

其次，当多种选择的自由受到威胁时，人的反应会更大。当同时出现几项稀缺的时候，可能个别稀缺的程度不大，但几项稀缺叠加起来，就让人有了采取行动的动机。例如，每年“双十一”，人们总是花大量时间去做购物计划，甚至买了很多不必要、原本不打算买的东西，就是因为整个环境都在响起“再不买，自由选购的各种机会就会通通消失”的警报。

当越来越多的人懂得稀缺原理时，写作人就要注意向读者说明产品的具体稀缺点在哪里，帮助消费者形成清晰的心理画面，跟对手形成差异。例如，“限量供应”不如“限量2000只”“2019年限时生产”等有参考价值；“优惠期有限”不如“双十一打五折”“买一送一，只限今天”等有紧迫感；“每一只都珍稀”不如“每一只都独一无二”那么清晰有力。“现在限量供应”依然是相对模糊的概念，有人可能选择一周内行动，有人可能选择一个月内或观望一段时间再行动，但如果只限今天，消费者就会无法再多想，危机感迅速上升，从而考虑立即行动。

要想持续进行稀缺或饥饿营销，写作人要确保从文案到产品都可以持续说服读者——这真的是限量的。例如，产品持续更新迭代，每一代的生命周期确实短暂；不重复的特别版，每次都有不一样的故事内容，等等。要做到这样，写作人必须跟生产、销售和宣传等环节的伙伴们好好沟通，毕竟销售不是只靠语言，更要与让消费者不用多想、不能多找就可以快速购买的方法紧密配合，才能全面打动消费者。

11

地域差异的情感宝藏

1. 方言、外语，改变一切

相比通用语言，方言与本地生活文化的关系更为密切，尤其在网络时代，地域文化的曝光量增加，使利用方言的文案越来越多。

例如，在广东省投放广告，经常要准备粤语版本，因为广东省人口多、经济好、影响力大，制作粤语版本可以更贴近消费者，扩大实际利益。另一方面，中国与其他国家的接触越来越频繁，国内企业要走向国际，也有越来越多跨语言、跨文化的文案要求。了解和转换其他语言和文化，可以方便彼此沟通，非常有价值。

同样的内容用不同的语言表达，读者的观感会有很大差异。1964 年，加州大学伯克利分校社会语言学家苏珊 · 欧文（Susan Ervin）邀请了 65 个生活在美国，会说英、法两种语言的法国人，并将其分成两组，让他们根据一些插画编一个 3 分钟的故事，一组使用英语，一组使用法语。结果发现，两组故事的重点很不一样：英语组更多提到女性成就、身体对抗、对父母言语攻击及逃避指责的内容，而法语组则更多提到长辈控制、内疚感和对朋友言语攻击等方面。

语言会影响思考方式。一个人用某一种语言表达时，会受到与之关联的文化的影响，甚至连个性都会有变化。伦敦大学语言学家让 - 马克 · 德维利（Jean-Marc Dewaele）和奥斯陆大学语言学家阿内塔 · 帕夫连科（Aneta Pavlenko）曾经调查了 1039 个会说两种语言的人，发现其中 65% 的人觉得自己在使用另一种语言的时候像变成了另一个人。

2006年，美国康涅狄格大学社会心理学助理教授奈兰·拉米雷斯-埃斯帕萨（Nairán Ramírez-Esparza）和她的团队，对会说西班牙语和英语两种语言的人，就 5 种人格特征进行测试，发现人们用英文进行测试的时候，比用西班牙语时更外向、随和、谨慎。所以，方言和外语不单是文案工作中会遇到的挑战，也是触动和转换读者情感的有力工具。

2. 用地域趣味反攻主流

方言是很有特色的写作素材。例如，粤语和普通话都是中文，可是粤语的发音很不一样，多达9个音调，还有俚语和特殊句式，让人似懂非懂，觉得新奇但又不是那么遥远。根据前文提到的信息缺口理论，方言可以被归为难度适中的信息缺口，会让读者好奇，又想要搞清楚说的到底是什么。

方言还有几个能够挑动情感的特性，是我们可以多加利用的：

第一，方言容易制造情感落差。在比较正式、认真的场合，我们一般都说普通话，如果有一天，新闻联播中的播音员突然说出几句四川方言、湖南方言，肯定会让人觉得意外，气氛也会轻松很多。不过，纯粹用发音逗趣的话，爆笑的效果是持续不了多久的，内容和情感要有递进才可以产生持续的效果。

例如，2018 年，华为为了宣传手机 Mate 20 的超广角拍摄功能，推出了一支使用了四川方言的广告视频，就是非常好的示范（https://www.bilibili.com/video/av36134951/?spm_id_from=333.788.videocard.0）：

故事是一名航天员一边与地面通话，一边在太空舱外用手机拍摄地球全景，可是由于镜头广角不够，宇航员只好不断后移，结果越退越靠后，连索带都扯掉了。航天员一直跟地面的工作人员发牢骚，全程都说四川方言，在我们这些不懂四川方言的人听来，简直像进了觥筹交错的火锅店一样。虽然我们不一定明白这些话的意思，可是故事简单，又有字幕和画面帮助了解，依然可以让人看得津津有味。

第二，方言擅长表达平民阶层的情怀。例如，现在有越来越多以中国农村为题材的故事，虽然这种题材以前很少被采用，但随着其曝光量的增加，现在人们会赞赏这种真实质朴的表达。如果没有了方言，表达的味道就会大打折扣。

2019 年，为了预热电影《小猪佩奇过大年》，片方推出了宣传片《啥是佩奇》。故事是一位农村爷爷，听到孙子想要佩奇作为新年礼物，但爷爷根本不懂什么是佩奇，所以到处向村里人打听，最后用鼓风机改造了一个“土味”佩奇出来。在打听的时候，老爷子的方言加上浓重的乡音，憨厚的性格表露无遗。如果老爷子说着一口流利的普通话，就不会有那种朴实的感动了。

第三，方言擅长带出历史文化的厚重情感。中国方言源远流长，戏曲大都是用方言唱的。还记得“勒是雾都”这句话吗？说唱歌手 GAI（周延）和他的重庆兄弟们将重庆方言的江湖味和古风融入歌曲中，还创作了《空城计》《一百零八》等与《三国演义》《水浒传》题材相结合的歌曲，在当年引领了中国风嘻哈的潮流。

除此之外，我们在听某种外语的时候，即使不知道它的意思，可是只要一听，相应的情感和印象就会像被按了启动按钮一样。如泰语，无论是搞笑的还是感人的内容，母语是汉语的人每次听到说泰语的朋友一开口，总是会觉得喜感十足。

近年来，国内也开始出现了利用外语联结特定文化和情感的作品。有一支视频使用了日语口白，拍得像日本广告一样，但实际是北京电影学院的学生以杜蕾斯AiR隐薄空气套为题的作业，视频叫《空气忍术》（https://www.bilibili.com/video/av36937176?from=search&seid=5442710490663135989）：

故事是一个武士找上门向穿和服的女孩提出夹包子的挑战，以展示其修炼成果。女孩在争抢中占得上风，接着女孩发现武士消失了。原来武士用了与空气融为一体的隐藏之术，握住女孩的剑，因此流血受伤，女孩深受感动。武士说他带来的包子皮薄馅多，吃完后再教她隐术。最后出现标语：隐于不存在的存在，杜蕾斯隐薄空气套。

故事看起来很正经，话也不多，可是因为用了日语和武士片场景，会让观众觉得肯定有弦外之音，因此调动了观众主动找出这些弦外之音的动机。

方言和外语带动氛围和作为情感开关的能力是毋庸置疑的，但前提是呈现的内容要制作精良，不要让读者在文案和文案之外的部分找到破绽，尤其不要让人觉得你只是一个山寨版或在不懂装懂，从而干扰文案营造的氛围。例如，2019 年年末，耐克在上海推出了以上海话为题的“够来噻，才腔调”的传播活动，随即被很多上海人质疑，因为他们平常绝对不会这样说（“勿来噻”倒是听得很多，大抵就是不行了的意思），这说明在使用方言的时候，我们必须对它倍加尊重。

3. 利用创译带来的机遇

如果你要把外语文案变成中文文案的话，就要明白你不是在做翻译（translation），而是在做创译（transcreation）。翻译，是为了忠实地表达原文的意思。创译也是译，但是容许进一步加工创作，在保留原文大意的前提下，让译文适应目标语言的语境，以争取读者支持为优先考虑。

为什么要创译呢？全部做本地原创不就好了？因为在不同地区保持沟通方向和角色的一致性，对维护企业的品牌形象极为重要。例如，我们去旅行，发现某品牌在国内走的是奢华精致的路线，在国外走的却是平民市井路线，欠缺一致性，那就会让我们疑惑，甚至导致这个品牌在我们心中的形象崩塌，因此，很多针对内容本地化的全球代理网络应运而生。创译可以说是长期被忽略但作用巨大的文案形式。

如果你以为懂得两种语言，会用机器翻译，就可以做翻译甚至创译，那就大错特错了。一名合格的创译写作人，除了具备一般文案写作的能力，还要满足更多要求：

· **对原语言的书面语和口语应用都足够了解；**

· **熟悉要创译的内容主题；**

· **对两种语言约定俗成的用法，如成语、惯用语、歇后语和谚语等有充分了解；**

· **拥有精确判断何时直译、何时意译、何时音译的能力。**

创译工作主要包括内容创译和命名创译两个方面，其常见的问题有以下几种：

第一，追求与原文发音准确对应，结果顾此失彼。如命名时，只想到读音的近似，却把原文中应该保留的气质抹杀了。汽车品牌雷克萨斯的英文名字是 LEXUS，这是 Luxury（豪华）和 Elegance（优雅）结合在一起形成的新造词，其含义正如它的产品气质一样。因为中文的结构所限，为 LEXUS 取中文名时无法用新造字，如果根据英文的两个字根，直接译成“豪优”“华雅”或“豪雅”，不但发音和英文名完全脱节，调性又比较平和，与具有动感的汽车产品不搭。

20 世纪 90 年代，LEXUS 登陆香港市场，取名为“凌志”，不但发音与英文相近，还有“凌云壮志”的含义，动感十足，又有内涵，深得目标消费群的心。后来 LEXUS 进入内地，名字变成了纯粹音译、含义难懂的“雷克萨斯”。直到现在，“雷克萨斯”这个名字用了快二十年，还会有上海朋友来问我：“你觉得凌志的车开起来怎么样？”

第二，出现含义联想问题的音译。三星手机有一个系列的英文名 Galaxy，是星河的意思，让人产生朝向未来高远境界的联想。来到中国之后，中文名却取为“盖乐世”，这明显参考了“盖世”这个词语，而“盖”在“盖世”中是盖掉或打败了谁的意思。“盖乐世”虽然比较准确地还原了读音，却会让人产生“打倒了快乐世界”的联想。这就是典型的为了追求读音的一致，使译后含义出现不必要联想的例子。

第三，误解原文含义，尤其是一词多义的时候。如英文“inspire”，我们经常会看到“带来XX灵感”的译法，但其实它还有激发、启迪、鼓舞、触动、感染等多种意思，如果写作人不够敏感，就容易会错意，或者让读者感觉写得浅薄、不到位。

第四，含义大致是对的，却干巴巴没有味道。机器翻译就是这方面的代表。

虽然创译难，但语言是暧昧的，所以在语言转换的过程中，你会有很大空间再创造，调整情感的方向和力度，甚至写出比原文更触动人心的版本。

创译可以达到什么效果呢？

第一，调整人物形象。2003 年，比利时经济学家玛丽安娜 · 贝特朗（Marianne Bertrand）和其研究团队，将一模一样的履历表分成两组，分别配上读起来像白人的名字，如 Emily，和听起来像黑人的名字，如 Lakisha，然后观察人力资源部门收到这些履历后，会不会有不同的反应。结果显示，名字像白人的人获得面试邀请的机会比像黑人的人多了一倍。

名字对形象的联想影响确实很大，甚至可以带来偏见，很多艺人改名或取艺名，实际上也是这个道理。除此之外，创译的名字可以做到比纯粹的音译简短、易读。有一种心理现象叫名字读音效应（name pronunciation effect），指的是人对于名字比较好读的人印象更佳，所以现在很多外国人也用这种方法取中文名了。

第二，调整文案内容的调性和表达强弱程度。我们可以在细节处植入具有某些调性的字，在不改变内容大意的情况下不着痕迹地增强我们想要给读者留下的印象。例如，优衣库在官网上有一段关于 Lifewear（服适人生）品牌的说明，英文原文是：

“Lifewear is clothing designed to improve everyone’s life.

It is simple, high-quality, everyday clothing with a practical sense of beauty.

Ingenious in detail, designed with life’s needs in mind, and always evolving.”

用词十分中性，中文译本也很中性：

“Lifewear是让所有人的生活更加丰富多彩的服装。它具有美学的合理性，简单、高品质且追求细节的完美。它是基于生活需求而设计并不断发展、不断进化的休闲服装。”

如果优衣库想变成强调阳刚气质的男性品牌的话，同样的内容，可以创译成：

“Lifewear是强化所有人生活的服装。是干练、品质过硬、悦目、实用又具备精准细节的日常着装，时刻为生活中面临的挑战进化和设计。”

如果优衣库想变成强调柔美气质的女性品牌的话，可以创译成：

“Lifewear 是美化每一个人生活的衣服。简洁、精致、优美、实在，剪裁细节恰到好处，以生活所需为设计灵感，时刻为演绎时代而变幻，只为让你穿好每一刻。”

第三，调整内容侧重点。有时候，外语原文的侧重点不一定是其他地区读者最受用的部分。例如，劳力士有一个平面广告，画面是全球最先登上珠穆朗玛峰的两位登山家，埃德蒙·希拉里（Edmund Hillary）和丹增·诺尔盖（Tenzing Norgay）的照片，英文标题是：

People do not decide to become extraordinary. They decide to accomplish EXTRAORDINARY THINGS.（人们不会去决定变得非凡。他们决定去完成非凡的事情。）

其中，“EXTRAORDINARY THINGS”作为标题的重点是以全大写的形式呈现的。无论英文写作人这样标注的意图是什么，这样的形式在中国会出现两个问题：

· 这两位登山家并不被人熟识，需要植入指向性明显的文字，提示读者他们做了什么；

· 英文在“thing”后加“s”，既可以表示复数，也可以代表概括描述，可是中文没办法这样做，如果直译成“非凡的事情”，有可能让人感觉是做了一件特定的事，而非一种事事均追求非凡的信念，含义的范围会变窄，也有悖原意。

所以，中文标题变成了“攀越了平凡，并非刻意，全因意志”。其中，重点标示的是“攀越了平凡”。这样一来，“攀越”这个词语无论指登峰事件还是指概括的信念都可以，也联结了登山家们实际做过的事，帮助中国读者更直观地理解内容。

第四，利用外语的语感，让读者有身处现场的感觉。

虽然我们探讨过要避免生硬地套用外语句式，但如果是为特定的策略服务，也可以创造出不同于汉语，又不影响读者理解的新鲜风格。例如，村上春树写作时，通常会先用英文写，再翻译成日文，避免以日文为最初写作语言而难免造成的委婉，从而获得简单、直白的效果。由此，我们可以看出村上先生对语感是很讲究的。

在台湾，翻译了三十多年村上先生作品的赖明珠小姐是最懂这种特色的人之一。她在接受访问时说："我只是尽可能地保留他的文体特色，把类似英文文法的结构留着，即便它不是中文的习惯用语。像他经常使用外来语，他若用 TOYOTA，我就保留，而不会去改成丰田汽车。"她的翻译策略就是忠实地保留村上先生原文的语感。

下面是《挪威的森林》中的一小段，分别是赖明珠小姐和大陆的林少华先生译的。

赖明珠小姐译文：

“记忆这东西，真是不可思议。当实际置身其中时，我几乎没去注意过那些风景。既不觉得印象特别深刻，也没想到在十八年后竟然还会记得那风景的细部。老实说，对那时候的我来说，风景怎么样好像都无所谓似的。我只想着我自己的事，想着那时候身边并肩走着一个美女的事，想着我和她的事，并且又再想回我自己的事。”

林少华先生译文：

“记忆这东西总有些不可思议。实际身临其境的时候，几乎未曾意识到那片风景，未曾觉得它有什么撩人情怀之处，更没想到十八年后仍历历在目。对那时的我来说，风景那玩艺儿似乎是无所谓的。坦率地说，那时心里想的，只是我自己，只是身旁相伴而行的一个漂亮姑娘，只是我与她的关系，而后又转回我自己。”

林少华先生的写作策略更接近原生汉语的传统写法，运用了很多中文中约定俗成、帮助凝缩篇幅的词语，如“身临其境”“撩人情怀”“历历在目”“漂亮姑娘”等，其情感细节的表达也不一样， 如“玩艺儿”“相伴而行”等。而赖明珠小姐采用的是平实的风格，更像一个在反复思考、没心思挑词语的人的心理状态。

无论如何，只有对不同语言和文化环境都熟悉，连细节都去揣摩，才能达到刻画入微、在重点处发力的自如境界。

4. 世界大同的白描法

有时候，我们也可能是文案的原文作者，我们的文案要让其他国家或地区的写作人来创译。这样的话，写作人就有责任做到以下几点：

· 避免采用只有懂本地语境的人才能理解的内容或写法；

· 把核心内容点更完整地交代好，因为创译写作人也许只能根据文案去揣摩；

· 如果必须用本地化内容或要用某种语言的“梗”，那么附上一小段说明，以帮助其他人知道你的写作意图。

使用白描法是最保险的策略。如苹果为 iPhone 写的那句“Bigger than bigger”，意思是比大更大或岂止更大，创译者肯定不会错过大和更大这两个需要突出的产品特点。

另外，我们也可以多考虑类似一般对话聊天的风格，因为任何国家的人都会聊天，聊天是比较自然、有弹性的行为，所以根据当地文化调整的难度也会比较低。

我们也要避免文案太夸张，一是因为不同地区的法规不一样，二是因为即便是最极端的用词，在不同文化中也可能代表不同程度，容易造成不准确和误解。除非你说的确实是前所未有的，肯定会被大众接受的，如乔布斯拿着的初代 iPhone，真的是前所未有的手机，自然不会有争议。

12

客观验证你的文案

1.“10 万 +” vs. 转发收藏

我曾经跟一位创意总监工作过，他看我的文案的时候，不时会说：“我感觉不对。”

但我总搞不清楚他到底感觉哪里不对。现在看来，这种欠缺线索的意见，让我走了不少弯路，也产生了很多不必要的沮丧。在自己带团队之后，我就决心要尽力把想法向团队说清楚。同样，很多写作人也会花不少精力来猜客户和同事的心思，耗时的同时又让人感到沮丧和困惑。

我们可以做，也应该最擅长做的，是写完文案之后回到读者的立场再想一想。如果文案能赢得读者支持的话，那么，绝大多数情况下，对包括企业客户和同事在内的所有人，都是最有利的。而务实的沟通，确保自己的写作意图可以解释明白，理据充分，才有可能让大家都放心。

另外，要让读者支持我们的主张，甚至产生行动，这是一个递进的、阶段性的工作过程。一篇文案要满足营销过程的全部要求，这不太现实。虽然谁都想一网打尽，但我们必须面对这样的现实：不同产品的性质不同，不同读者理解文案的速度和方式也不同。

所以，评价文案的时候，首先要了解写作的初衷是什么。是横向传播，接触更多读者，提高知名度，还是纵向传播，针对一部分读者，深入说服呢？

在这个时代，我们经常能看到营销机构发布自己的刷屏案例大获成功的报道，好像那是一件天天都发生的轻松的事。如果所谓的刷屏案例都是真的，都像各家说得那么厉害，都成功地改变了读者行为，那么我们有没有看到人们一年中被深刻感动了 365 次，被引爆了 365 次，行为被改变了 365 次？没有。连一半都没有。如果真的有这样的人，被改变了 365 次后，身心一定会吃不消，直接累瘫了。

所以，我们应该把“10 万 +”作为参考，而不是强求的、必然的标准。

我们的文案最终是写给人，而不是写给数据看的。那么，看读者有没有因为看完你的文案而采取进一步行动才是更可靠的参考。尤其是与读者深度沟通的时候，观察读者有没有转发、收藏、购买、写下发自内心的自我感受，或者有没有转化，这比纯粹看阅读和点赞率更有价值。因为刷进一步行动的数据，比刷阅读量的难度和成本高得多，而这些行动才是读者愿意进入更长期关系的信号，所以更有价值。

有时候，文案就是为了建立好形象，不一定要让读者当下就做出反应。这时，我们可以看看人们内隐的、主观的感觉有没有出现变化。例如，利用定性研究（qualitative research），找一些读者面对面交谈，就有机会获取深入、相关度又高的洞察，同时避免一些数据上的片面信息、误导和迷信。

文案的传播效果还会受投放预算的影响。近年常见的呐喊式广告之所以能引起很多人讨论，与一种叫作单纯曝光效应（mere exposure effect）的心理现象有很大关系，意思是曝光变多，就会让人们对这个事物的印象变好。换句话说，钱的确是有用处的。

我们要理性对待这个现实。即使你写得再用心，甚至写出了完美动人的文案（如果真的有的话），也没办法把其他曝光率高但没营养的文案踢走。可是，写作人可以利用技巧为内容素材增值，把本来一块钱的东西写出一百块钱的效果，甚至使其成为读者向往的部分，指导他们的人生，这种价值是无价的。很多伟大的文案，如被公认为改变了传播的苹果和耐克的文案，最开始也只是一张平面广告、一条视频或一篇软文而已。

2. 验证文案的 DVD+4C 准则

有很多朋友会凭感觉评价文案，但比较可靠的感觉其实是一个人在多年写作工作中累积了深厚的经验与丰富的阅历，然后沉淀内化的结果。对一般朋友而言，感觉确实没那么可靠，但我们可以使用统一的准则跟写出来的文案对照验证。

我们可以从构思策略和写作执行两方面来看文案。在这里，为大家提供两个方便参考的评价准则：评价构思策略，检视给读者留下鲜明印象可能性的 DVD 准则；评价写作执行，避免出现不恰当的体验和与写作策略冲突的 4C 准则。

DVD 准则指的是 differentiation（差异）、value（价值）和 degree（力度）三个方面：

Differentiation（差异）：差异对应的是 awareness（注意度），即读者会不会注意到你。看看你的文案有没有跟同类对手有明显的不同，以便读者识别。差异不等于标新立异，也不等于推翻一切旧的内容，例如，无印良品和优衣库，一个是“性冷淡”风格，一个是基本款，但依然可以跟彼此形成差异。如果你不确定，不妨把对手的材料收集回来，与自己写的并列比较。但在形成差异的同时，也要确保目标读者可以理解，最好是刷新常理，又言之成理。

Value（价值）：价值对应的是 relevancy（相关性），即是不是对读者有意义，跟他们有关系。心理学把价值定义为某种事物在人生中的相对重要性。对写作人来说，这是指读者感觉值不值得挤掉其他内容，把时间留下来看你的文案。价值有很多方面，如实用的、娱乐的、激励的、有社交功能的等。你对读者的生活，甚至他们的人生追求，包括可见的和藏在心里的，是否思考周到，如要不要找跟读者在同一圈子的人做推荐代言，或做些产品演示，使读者更愿意听你说的呢？

Degree（力度）：力度对应的是说服力，即让读者信服甚至行动。首先，我们要看写的内容是否符合读者已有的信念和观点。2010年，美国政治科学学者布伦丹·尼汉（Brendan Nyhan）和杰森·利费勒（Jason Reifler）提出了逆火效应（backfire effect），指出人的信念被对立的证据挑战时，反而会强化他之前已认定的信念，变得更加固执，除非证据的力度足以彻底摧毁他们的想法。这也是那么多品牌号称要改变消费者，却经常失败的原因。

其次，力度强也不一定都对，特别是年轻写作人，常常会想表现自己，导致文案用力过猛，刻意卖弄，读者看到也会抗拒。擅长“调情”的高手，不会被情绪绑架，而是懂得站在读者的角度去思考在哪里用力，在哪里放轻，就像为他们的心灵按摩一样。盲目地“强推”容易变成说教，但如果内容始终虚无缥缈，又容易被读者忽略。

由于网络传播的盛行，人们现在会从更多维度来评价文案，故意挑毛病的现象也很常见，因为对网民而言，看到优秀的和糟糕的文案，其实都算一种娱乐。当然，在创作有差异化、令人动情的文案的时候，我们不可能讨好所有人，但是千万不要低估读者的认真程度，要为有可能出现的争议作预判，想好回应的对策。

评价行文用字的 4C 准则是指 channel（传播渠道）、culture（文化）、credit（信用）和 craft（写作技巧）四个方面。

Channel（传播渠道）：文案在什么场合出现？是传播中的主角还是配角？写作人常常只留意文案，可是传达给读者的可能还有画面、音乐、体感体验等其他元素，文案可能只是一个组成部分，甚至是小配角。传播就像踢足球，是团体战，各种元素像不同职责的队员，要互相配合。文案在不同渠道可能要有不同写法，毕竟赢得读者的心才是最重要的。

Culture（文化）：读者和他圈子里的人会理解吗？有触犯文化禁忌的可能吗？如果你要写一篇旅游的文案，就要想想文案是针对爱拍照打卡的、爱长途历险的，还是很少出国的人。至于避开禁忌，不要只看内容，连读音和各种可能的联想都要考虑到，很多被调侃的文案就是败在谐音上。如果无法确定，可以找熟悉该圈子的人请教一下。

Credit（信用）：文案的内容有根据吗？主题够突出吗？网络时代，被假信息带着走的人很多，但较真的人也很多。我们看到过无数谎言被拆穿、人设崩塌后落荒而逃的例子。内容可信会为写作角色累积信用，日后对读者更有说服力和感染力。我们熟悉又有好感的品牌，如苹果、耐克、劳力士等，都是长年累月累积信用的代表。一些条理不清，或将不同的内容乱堆在一起的文案，内容好像很多，却也难免让人觉得可疑。

Craft（写作技巧）：前后文的联结顺理成章吗？有低级的写作错误吗？写作战术有很多，随便套用不是难事，可是让通篇甚至整个传播“战役”的各个文案之间都结构紧密又能互相配合，就很不容易，而写作人必须以做到这一点为目标。当然，你可以因为写作策略的设定故意写得不通顺或使用隐喻，让文案不那么好懂，从而获得某些读者的认同，但读者如果受到太多不一致、不相关甚至随机的干扰，超出他能承受的范围的话，他获得的阅读体验多少还是会受到影响的。另外，如果出现无法解释的写作错误，如错字、错误引用等，也会粗暴地破坏沉浸在文案氛围中的读者的体验。

既然一篇文案有那么多准则需要遵循，那么要求自己第一稿就写得优秀是不切实际的。英国科幻文学大师特里·普拉切特（Terry Pratchett）说过：“第一稿，只是你向你自己说故事而已。”

第一稿，甚至最初几稿，在评定的时候被发现种种问题是完全正常的，写作人不需要有压力，更不要畏首畏尾。在这个阶段尽管解放思想，敢写出来比什么都重要。想一想，读者根本看不到你这一稿啊！没有开始就没有以后。比较科学的方法是，在开始写的时候设定较低的要求，如只要求自己把各种资料贴在大概相应的位置就好，贴好之后再写联结，写好联结再删，删完再调，再看再调……一步步提高标准。

当你习惯将这些步骤作为工作流程之后就会发现，写作效率和成功率提高了很多，但不要忘记一点：世界上没有完美的文案。

3. 观察情感波动

写作的时候，很难有很多人一起动笔参与、边聊边写的情况，所以写作注定是比较孤独的工作，也会消耗写作人很多精力。如果没有办法全情投入，或者一直受到打扰，实在很难把需要思考很多细节的文案写好。了解了这一点，你就可以明白为什么有经验的写作人，不是爱戴耳机听歌，就是把自己与他人隔离，待在房间里面或跑到咖啡店去写，甚至把手机都关掉。隔绝干扰，方便持续培养情绪和理清思路。所以，观察我们写作时的情感表现，可以帮助我们评估自己改善写作状态的空间还有多少。

1975 年，美国心理学家米哈里 · 契克森米哈赖（Mihaly Csikszentmihalyi）提出了心流理论（flow）。他指出：当一个人全心全意地沉浸在富有挑战性的任务之中，不断努力和寻求进展时，可以获得最理想的工作体验，甚至提升生活满足感。人处于心流状态时有八个特征：

· 完全专注于任务
· 目标足够清晰，内心得到鼓励，有即时反馈
· 时间感产生变化，感觉过得很快或很慢
· 整个体验能带来内在的满足
· 感觉舒服、自在、不勉强
· 在挑战的难度和用到的技能之间能找到平衡
· 知行合一，进入忘我境界
· 感觉任务在自己掌握之中

如果我们真的全情投入到跟读者“调情”的境界里，自己的情感也将受到影响，往往写完一部分，就必须休息一下才可以继续。例如，写了一个绝妙的标题，心里会“暗爽”；写了一篇有价值的软文，自己会觉得解放；写出了充满感情的宣言，自己也会热泪盈眶、会心微笑。

4. 建立情绪清零的机制

就像演员要投入角色一样，写作人要懂得投入情感，也要懂得抽离、重启、再出发。有效管理自己的身心状态，对做脑力消耗很大的写作工作的人十分重要。

前文提到的日本作家村上春树，他有很多非凡的创新，在生活上也极度自律。他一般早上四点起床，从早上五点工作到下午一点左右，规定自己这段时间必须写十张稿纸的量。即使哪天他写得不太顺手，也要写够十张纸，反之，想写更多也必须停下来。村上春树这样解释："做长期的工作，规律具有重要意义。能写的时候顺着气势写很多，写不出来就休息，这是无法养成规律性的。"这是说，缺乏自律不利于长期稳定地发挥，这也带出了影响写作人状态的常见问题之一——无效的加班。

2016 年，英国网站 vouchercloud 对 1989 名 18 岁以上的公司职员，

做了一个针对上网习惯和工作效率的调查。研究人员要求受访者说出自己认为每天的有效工作时长，结果显示平均为 2 小时 53 分钟，最大值是 4 小时左右。而在其他时间，人们会去看新闻、看社交媒体、吃东西、聊与工作无关的话题、抽烟休息或者找新工作等。

村上春树也会运动、阅读、听音乐以及做其他杂事，可是他把这些都与写作清楚地分开，把规律内化成自动行为，无须天天费神重新调整已经适应的习惯。时间到了，身心自然进入状态，这样就可以把更多心力放在真正要动脑的写作上。另一方面，用心工作后再去休闲，从行为主义学习理论来说，是有效的奖励机制，因为先工作再享受的因果关系十分明确，可以增加我们做好写作工作的动机。

心理学家也发现，大脑没办法一次专注于某个任务数小时。职业心理学家安德斯·埃里克森（K. Anders Ericsson）指出，快要下班的时候，工作表现会变得消极，如果强求人们长时间连续集中精神，甚至远超他们能做到的最大限度的话，会让人产生逃避的想法，养成各种坏习惯。因此，写作人要找到身心最适合写作的精华时段，以及为每日的写作制订合理的目标。达标之后，一定要小小地奖励一下自己，就算喝杯热巧克力、玩一局游戏都好。

务实地避重就轻，因为人在状态好的时候，创意水平才是最高的。

除了赚钱，是什么让你想要当写作人，而且愿意走下去呢？

诺贝尔奖获得者丁肇中先生曾经在复旦大学 2019 级本科生开学典礼上说过一句话：“一个人向前走，最主要的是兴趣。”工作多年之后，我看到这句话时，实在无比认同。尤其是现在，距离写一句精彩的标题就可以名利双收的日子已经很远了。

既要有老练的写作功力，又要懂得不断蜕变，使自己的能力更加全面，这是写作人能够从容面对时空背景变化的必备条件。没有兴趣的话，且不说进入心流的状态，连继续下去都会觉得透不过气。

反过来说，文案写作又可能是世上最“性感”迷人的工作之一。因为确实没有很多工作可以给你空间去挖掘人性的光明与阴暗，与读者多角度“调情”，有不少预算支持来传播你所写的文字，又有对人和社会带来巨大影响的可能。优秀的写作人，不是对文字和语言有多热爱，而是对人心充满好奇和兴趣，所以可以写下去，甚至从文案写作领域跨界出去，在不同角色和媒介中，“写出”自己的另一片天地。

我曾经听过一句话：**“最好的状态，是知道自己不知道。”**放下文人的骄傲，勇敢探索人心，灵活组织内容，严谨对待作品，相信你也可以越写越好。

参考资料

村上春树著，赖明珠译，《挪威的森林》（上）（第二版），时报文化出版企业股份有限公司，2003

村上春树著，林少华译，《挪威的森林》，上海译文出版社，2018

乔·吉拉德，托尼·吉布斯著，蒋世强，张晓梅译，《世界上最伟大的销售员：我的成功法则》，中信出版社，2016

迈克尔·埃默里，埃德温·埃默里，南希·L·罗伯茨著，展江译，《美国新闻史：大众传播媒介解释史（第九版）》，中国人民大学出版社，2004

罗伯特·席尔迪尼著，闾佳译，《影响力：让人乖乖听话的说服术》，久石文化事业有限公司，2017

罗纳德·B·阿德勒，拉塞尔·F·普罗科特著，黄素菲，李恩，王敏译，《沟通的艺术：看入人里，看出人外（插图修订第15版）》，北京联合出版公司，2017

余光中，《怎样改进英式中文？——论中文的常态与变态》，明报月刊，1987

钱钦青，陈昭妤，《优人物／赖明珠：乘着风的歌在文学里相遇》，联合新闻网，2019

博恩 · 崔西著，王有天，彭伟译，《销售中的心理学》，北京联合出版公司，2016

Adage, What the Gap Did Wrong, *Advertising Age*, 2010

Baas, M., De Dreu, C. K. W., Nijstad, B. A., A Meta–Analysis of 25 Years of Mood–Creativity Research: Hedonic Tone, Activation, or Regulatory Focus? *Psychological Bulletin*, 2008

Baskin, C., Scarlett Johansson on We Bought a Zoo, Big Cat Rescue, 2011

Benet–Mart í nez, V., Hong, Ying–yi, *The Oxford Handbook of Multicultural Identity*, Oxford University Press, 2014

Ben í tez–Burraco, A., How the Language We Speak Affects the Way We Think, *Psychology Today*, 2017

Bertrand, M., Mullainathan S., Are Emily and Greg More Employable Than Lakisha and Jamal? A Field Experiment on Labor Market Discrimination, *NBER Working Paper 9873*, 2003

Bury, L., Reading Literary Fiction Improves Empathy, Study Finds, *The Guardian*, 2013

Campbell, W. J., Introduction to Yellow Journalism, *Yellow Journalism: Puncturing the Myths, Defining the Legacies*, 2003

Chandy, R. K., Tellis, G. J., Macinnis, D. J., Thaivanich, P., What to Say When: Advertising Appeals in Evolving Markets, *Journal of Marketing Research*, 2001

Chang J., Lefferman, J., Pedersen, C., Martz, G., When Fake News Stories Make Real News Headlines, *ABC News*, 2016

Cherry, K., How the Theory of Mind Helps Us Understand Others, Verywell Mind, 2019

Ciotti, G., The 5 Most Persuasive Words in The English Language, copyblogger, 2012

CIW Team, Over 90% WeChat Official Accounts Have no Content With Over 1,000 Views, *China Internet Watch*, 2017

Conick, H., What is a Marketing Insight? American Marketing Association, 2019

Croissant, M., The Multiple Personalities of Multilinguals, Matador Network, 2015

Diehl, J., Biskind, P., A Study in Scarlett, *Vanity Fair*, 2011

Dillard, J. P., Pfau, M., *The Persuasion Handbook: Developments in Theory and Practice*, SAGE Publications, 2002

Douglas, Y., Two Reasons Why More Punctuation is Better Than Less, *Psychology Today*, 2018

Ervin, S. M., Language and TAT Content in Bilinguals, *Journal of Abnormal Psychology*, 1964

Gladwell, Malclom, Chapter 07: Developing the Story, MasterClass, 2018

Hansen, J., Wänke, M., Truth from Language and Truth from Fit: The Impact of Linguistic Concreteness and Level of Construal on Subjective Truth, *Personality and Social Psychology Bulletin*, 2010

How Many Productive Hours in a Work Day? Just 2 Hours, 53 Minutes, Vouchercloud, 2016

How to Increase Your Empathy, Six Seconds EQ Network, 2017

Ireland M. E., Slatcher, R. B., Eastwick, P. W., Scissors, L. E., Finkel, E. J., Pennebaker, J. W., Language Style Matching Predicts Relationship Initiation and Stability, *Psychological Science*, 2011

Jagernauth, K., Scarlett Johansson was Unsure About ‘We Bought a Zoo’ At First; Says ‘Summer Crossing’ Doesn’t Have a Part for a Big Star, *IndieWire*, 2011

Jobs, S., Internal Speech for the Launch of Apple Think Different Campaign, 1997

Karremans, J. C., Verwijmeren, T., Mimicking Attractive Opposite-Sex Others: the Role of Romantic Relationship Status, *Personality and Social Psychology Bulletin*, 2008

Kaspersky Lab, From Digital Amnesia to The Augmented Mind, 2017

Kronrod, A., Grinstein, A., Wathieu, L., Enjoy! Hedonic Consumption and Compliance with Assertive Messages, *Journal of Consumer Research*, 2012

Küfner, A. C. P., Back, M. D., Nestler, S., Egloff, B., Tell Me a Story and I Will Tell You Who You Are! Lens Model Analyses of Personality and Creative Writing, *Journal of Research in Personality*, 2010

Lee, C., Principles of Writing: Passive and Active Voice, APA Style Blog, 2016

Loewenstein, G., The Psychology of Curiosity: a Review and Reinterpretation, *Psychological Bulletin*, 1994

Maslin, J., Changing the Subject, Maintaining the Tone, *The New York Times*, 2009

May, C., A Learning Secret: Don't Take Notes with a Laptop, *Scientific American*, 2014

McGlone, M. S., Tofighbakhsh, J., Birds of a Feather Flock Conjointly (?): Rhyme as Reason in Aphorisms, *Psychological Science*, 2000

McLeod, S., Maslow's Hierarchy of Needs, *Simply Psychology*, 2018

Meek, W., Basics of Communication, *Psychology Today*, 2013

Miller, G.A., The Magical Number Seven, Plus or Minus Two: Some Limits On Our Capacity for Processing Information, *The Psychological Review*, 1956

Oppland, M., 8 Ways to Create Flow According to Mihaly Csikszentmihalyi, PositivePsychology, 2019

Passariello, C., In Texting, Punctuation Conveys Different Emotions. Period, *The Wall Street Journal*, 2015

Pilkington, E., Malcolm Gladwell: ‘I’ m Interested in the Slightly Dumb and Obvious, Not the Deeply Weird and Obscure, *The Guardian*, 2009

Pinker, S., The Source of Bad Writing, *The Wall Street Journal*, 2014

Sopory, P., Dillard, J. P., The Persuasive Effects of Metaphor: a Meta-Analysis, *Human Communication Research*, 2002

Steinberg, S., College Students Have Less Empathy Than Past Generations, *USA Today*, 2010

Study: Punctuation in Text Messages Helps Replace Cues Found in Face-To-Face Conversations, Binghamton News, 2017

Wansink, B., Painter, J., Van Ittersum, K., Descriptive Menu Labels' Effect on Sales, *The Cornell Hotel and Restaurant Administration Quarterly*, 2001

Weller, C., Here's Why Amazon's New 30-Hour Workweek is Such a Great Idea, *Independent*, 2016

Wright, W., Chapter 06: Design Player-Centered Experiences, MasterClass, 2018

Wylie, A., How to Make Your Copy More Readable: Make Sentences Shorter, PRSay, 2009